REVISADO
nova ortografia

Flávio Barbaresco Cardoso
Valério Garcia Brisot

Sistema de Gestão Ambiental
NBR ISO 14.001 na Prática

1ª Edição
Santa Cruz do Rio Pardo/SP
Editora Viena
2013

```
Dados Internacionais de Catalogação na Publicação (CIP)
(Câmara Brasileira do Livro, SP, Brasil)

Brisot, Valério Garcia
    ISO 14001 na prática : sistema de gestão
ambiental entendendo a NBR ISO 14.001 / Valério
Garcia Brisot, Flávio Barbaresco Cardoso. --
1. ed. -- Santa Cruz do Rio Pardo, SP : Editora
Viena, 2013. -- (Coleção premium)

    Bibliografia.
    ISBN 978-85-371-0297-8

    1. ISO 14001 2. Planejamento de qualidade
3. Política ambiental 4. Poluição - Controle
5. Proteção ambiental - Administração 6. Proteção
ambiental - Normas I. Cardoso, Flávio Barbaresco.
II. Título. III. Série.


12-11478                                      CDD-658.408
```

Índices para catálogo sistemático:

1. Gestão ambiental : Empresas : ISO 14001 :
   Normas : Administração   658.408

Copyright© 2013 - Viena Gráfica e Editora Ltda

Todos os direitos reservados pela VIENA GRÁFICA E EDITORA. LEI 9.610/98 e atualizações.
Nenhuma parte desta publicação poderá ser reproduzida ou transmitida, sejam quais forem os meios empregados: eletrônicos, mecânicos, fotográficos, gravações ou quaisquer outros.
Todas as marcas e imagens de hardware, software e outros, utilizados e/ou mencionados nesta obra, são propriedades de seus respectivos fabricantes e/ou criadores.

Autores: Flávio Barbaresco Cardoso e Valério Garcia Brisot
Revisão Técnica: Graciele Alves Mira
Revisão Ortográfica: Graciele Alves Mira
Capa: Luciane Mendonça
Diagramadora: Hélida Garcia Fraga
Ilustrações: iStockphoto.com, Luciane Mendonça
Revisão de Diagramação: Denise de Fátima Andrade, Camila C. da Silva Perez e Karina de Oliveira
Supervisão Editorial: Karina de Oliveira

ISBN: 978-85-371-0297-8

1ª Edição - 02/2013 - SCRPardo / SP

Impresso no Brasil

Dedico este livro à minha família que me apoiou em todos os momentos e me encorajou para que eu não desistisse; aos meus professores e todos os profissionais, com os quais já trabalhei e que contribuíram para a minha formação acadêmica e profissional e finalmente a todos os profissionais que desejam desempenhar suas atividades de maneira menos agressiva ao Meio Ambiente.

F.B.C.

O que está descrito nesse livro tem muito do que pensamos e fazemos, mas sem as pessoas que nos ajudam nada disso seria possível. Portanto, aos meus filhos e esposa, aos meus pais, meus queridos professores e aos colegas e amigos de trabalho, em especial ao Flávio Barbaresco e ao Wellington Rehder, deixo meu singelo agradecimento e dedico a todos essa obra. Aos leitores, espero que possamos atender as vossas expectativas e contribuir para o desenvolvimento profissional e pessoal de cada um. Vocês são a essência de todos aqueles que se aventuram no mundo das palavras escritas e merecem toda a nossa dedicação, sempre.

V.G.B.

"Sempre há tempo para aprender... e ensinar."

Flávio Barbaresco Cardoso

Prefácio

O objetivo principal deste livro é passar as principais informações sobre como implementar um sistema de gestão ambiental em empresas, especialmente naquelas de pequeno porte, onde os recursos são muito mais limitados, quando comparados aos das grandes organizações, levando-se em consideração os requisitos da versão de 2004, da mundialmente conhecida norma **ISO 14.001**.

Quando falamos em **ISO** devemos levar em consideração que existe uma organização internacional para padronização (International Organization for Standardization), que elabora normas, as quais podem ser aplicadas a qualquer tipo de negócio, desde fabricação de produtos, bens, até a prestação de serviços tais como: fabricação de carros, geladeiras, televisores, roupas, sapatos, peças de máquinas, produtos químicos, etc, ou, então, empresas de teleatendimento, recrutamento e seleção de mão de obra, comércio e distribuição, entre outros.

Essa padronização garante que, em qualquer parte do globo, quando falamos que uma determinada empresa tem a certificação **ISO**, todos entendam que ela atende a padrões determinados em áreas específicas e no nosso caso a área que estamos falando é a Ambiental.

Nos anos 80 e 90 houve um grande empenho, por parte das organizações, de se manterem no mercado através da garantia de qualidade em seus produtos ou serviços, através da certificação **ISO 9.001**. Foi na década de 90, devido ao grande desenvolvimento industrial mundial, aliado a escassez de recursos naturais, ao grande crescimento da população e do aumento no consumo, que surgiu a necessidade do desenvolvimento de padrões que garantissem um bom desempenho das organizações na área ambiental, surgindo então a **ISO 14.001**.

Uma empresa, de qualquer tipo ou porte, quando decide se certificar na **NBR ISO 14.001**, antes de qualquer coisa, ela está optando por implementar em seu negócio, um Sistema de Gestão Ambiental, cuja finalidade é o desenvolvimento da Melhoria Contínua em seus processos, o que potencializa seus ganhos, minimiza seus custos e reduz o risco potencial que seu negócio pode impactar no Meio Ambiente.

O que o empresário deveria ter em mente, ao se decidir por implementar tal sistema, não é apenas o custo que isso vai gerar em seu negócio, ou o ganho com propaganda que esta certificação proporciona, mas também, e o mais importante de todos os ganhos, é que está se decidindo a criar, em seu negócio, um sistema de gestão que vai auxiliá-lo a identificar e eliminar perdas em seus processos, tornando-os mais ágeis e o seu negócio mais lucrativo e competitivo.

Na maioria das vezes, apesar de a implementação de um Sistema de Gestão Ambiental, baseado na **NBR ISO 14.001**, ou outra qualquer, não ser obrigatória, as organizações adotam este sistema para atender exigências de seus clientes e não por entenderem os ganhos que podem conquistar com a sua implementação.

Se este é um de seus desejos, pedimos que invista um pouco de seu tempo nas páginas seguintes, onde passaremos, de uma forma simples, como potencializar o seu negócio, utilizando-se de uma norma mundialmente difundida.

Bem-vindo ao Sistema de Gestão Ambiental, orientado pelos requisitos da **NBR ISO 14.001**.

Os Autores

SUMÁRIO

LISTA DE SIGLAS E ABREVIATURAS..	**13**
1.	**INTRODUÇÃO**	**15**
1.1.	Histórico da NBR ISO 14.001: 2004	17
1.2.	Terminologia e Fundamentos...	17
1.3.	Os 7 Novos Termos que Devemos Entender	18
1.4.	Estrutura da Família ISO 14.000: 2004	19
1.5.	Legislação Ambiental	19
1.5.1.	Licenciamento Ambiental	19
1.5.2.	Etapas do Licenciamento	19
1.5.3.	Licença Prévia (LP)	20
1.5.4.	Licença de Instalação (LI)	20
1.5.5.	Licença de Operação (LO)	20
1.5.6.	Principais Leis Ambientais	20
1.6.	Requisitos da NBR ISO 14.001: 2004	21
1.7.	Processo de Certificação	22
2.	**CICLO PDCA**...	**25**
3.	**ENTENDENDO A POLÍTICA AMBIENTAL**..	**33**
4.	**PLANEJAMENTO**	**41**
5.	**OS ASPECTOS AMBIENTAIS**	**49**
5.1.	Requisito 4.3.1. - Aspectos Ambientais	51
6.	**REQUISITOS LEGAIS E OUTROS**	**59**
7.	**OBJETIVOS, METAS E PROGRAMAS**	**67**
8.	**IMPLEMENTAÇÃO E OPERAÇÃO**	**77**
8.1.	A Primeira Fase da Implementação e Operação	79
8.2.	A Segunda Fase da Implementação e Operação	88
8.2.1.	Requisito 4.4.4 – Documentação	88
8.2.2.	Requisito 4.4.5 – Controle de Documentos	90
8.2.3.	Requisito 4.4.6 – Controle Operacional.....................................	93
8.3.	A Terceira Fase da Implementação e Operação	95
8.3.1.	Requisito 4.4.7 – Preparação e Resposta à Emergências.........	95
9.	**VERIFICAÇÃO**	**99**
9.1.	Requisito 4.5.1 - Monitoramento e Medição	101
9.2.	Requisito 4.5.2 - Avaliação do Atendimento a Requisitos Legais e Outros	103
9.3.	Requisito 4.5.3 - Não-Conformidade, Ação Corretiva e Ação Preventiva.......	104
9.4.	Requisito 4.5.4 - Controle de Registros	106
9.5.	Requisito 4.5.5 - Auditoria Interna	108

10.	**ANÁLISE PELA ADMINISTRAÇÃO**	**111**
11.	**CORRELAÇÃO ENTRE AS NORMAS ABNT NBR ISO 14.001 E 9.001**	**119**

POSFÁCIO 125
REFERÊNCIAS 127

Lista de Siglas e Abreviaturas

ABNT — Associação Brasileira de Normas Técnicas.
art. — Artigo.
CO_2 — Dióxido de carbono.
CONAMA — Conselho Nacional de Meio Ambiente.
dB — Decibéis.
HD — Hard Disk.
IBAMA — Instituto Brasileiro do Meio Ambiente e dos Recursos Naturais Renováveis.
ICA — Indicadores de Condição Ambiental.
IDG — Indicadores de Desempenho de Gestão.
IDO — Indicadores de Desempenho Operacional.
INMETRO — Instituto Nacional de Metrologia, Qualidade e Tecnologia.
ISO — International Organization for Standartization.
LI — Licença de Instalação.
LO — Licença de Operação.
LP — Licença Prévia.
NBR — Norma BRasileira.
OCS — Organismo de Certificação do Sistema.
ONG — Organização Não Governamental.
PAE — Planejamento de Ações Emergenciais.
PDCA — Plan, Do, Check, Act.
SGA — Sistema de Gestão Ambiental.
SNUC — Sistema Nacional de Unidades de Conservação.

CAPÍTULO 1

INTRODUÇÃO

HISTÓRICO DA NBR ISO 14.001:2004
•
TERMINOLOGIA E FUNDAMENTOS
•
OS 7 NOVOS TERMOS QUE DEVEMOS ENTENDER
•
ESTRUTURA DA FAMÍLIA ISO 14.000:2004
•
LEGISLAÇÃO AMBIENTAL
•
REQUISITOS DA NBR ISO 14.001:2004
•
PROCESSO DE CERTIFICAÇÃO

INTRODUÇÃO

1.1. Histórico da NBR ISO 14.001: 2004

Durante a ECO-92 foi proposta a criação junto à **ISO** (International Organization for Standardization) de um grupo especial para estudar a confecção de normas ambientais. Essa organização não governamental formada, hoje, por mais de 160 países, tem como principais objetivos: fixar normas técnicas essenciais de âmbito internacional e estabelecer normas técnicas que representem e traduzam o consenso dos diferentes países do mundo. O Brasil é representado pela ABNT (Associação Brasileira de Normas Técnicas).

Após alguns meses de trabalho, este grupo propôs a criação de um comitê específico e independente na **ISO** para as questões ambientais. Em março de 1993, ocorria a instalação do Comitê Técnico – Gestão Ambiental (ISO/TC 207), com a função de elaborar a série de normas ambientais em nível mundial. Na ocasião foi definido que esse comitê seria responsável pelo desenvolvimento da mais importante série de normas jamais produzidas, pela sua abrangência e pelos inúmeros benefícios que propiciará à sociedade e às empresas.

Para a elaboração da série de normas **ISO 14.000**, o comitê ISO/TC-207 tinha como base uma proposta inglesa, ou seja, a norma BS 7750 que foi criada em março de 1992. Portanto, após inúmeras reuniões para elaboração da **ISO 14.000**, a mesma foi finalmente estabelecida em outubro de 1996 para o mundo. No Brasil, a ABNT traduziu essa norma e em 02 de dezembro de 1996 passou a ser utilizada como NBR **ISO 14.001:1996**.

Esse mesmo comitê, ISO/TC-207 publicou em 15 de novembro de 2004 a nova versão da **ISO 14.001**, sendo que esse processo impacta diretamente em aproximados 100.000 certificados já emitidos em todo o mundo.

1.2. Terminologia e Fundamentos

» **Melhoria Contínua:** Processo de aprimoramento de sistema de gestão ambiental, visando atingir melhorias no desempenho ambiental global de acordo com a política ambiental da organização.
» **Meio Ambiente:** Circunvizinhança em que uma organização opera, incluindo ar, água, solo, recursos naturais, flora, fauna, seres humanos e suas inter--relações.

- » **Aspecto ambiental:** Elemento das atividades, produtos ou serviços de uma organização que pode interagir com o meio ambiente.
- » **Impacto ambiental:** Qualquer modificação do meio ambiente, adversa ou benéfica, que resulte, no todo ou em parte, das atividades, produtos ou serviços de uma organização.
- » **Sistema de gestão ambiental:** Parte do sistema de gestão global que inclui estrutura organizacional, atividades de planejamento, responsabilidades, práticas, procedimentos, processos e recursos para desenvolver, implementar, atingir, analisar criticamente e manter a política ambiental.
- » **Política ambiental**: Declaração da organização, expondo suas intenções e princípios em relação ao seu desempenho ambiental global, que provê uma estrutura para ação e definição de seus objetivos e metas ambientais.
- » **Desempenho ambiental:** Resultados mensuráveis do sistema de gestão ambiental, relativos ao controle de uma organização sobre seus aspectos ambientais, com base na sua política, seus objetivos e metas ambientais.
- » **Objetivo ambiental:** Propósito ambiental global, decorrente da política ambiental, que uma organização se propõe a atingir, sendo quantificado sempre que exequível.
- » **Meta ambiental:** Requisito de desempenho detalhado, quantificado sempre que exequível, aplicável à organização ou partes dela, resultante dos objetivos ambientais e que necessita ser estabelecido e atendido para que tais objetivos sejam atingidos.
- » **Prevenção de poluição:** Uso de processos, práticas, materiais ou produtos que evitem, reduzam ou controlem a poluição, os quais podem incluir reciclagem, tratamento, mudanças no processo, mecanismos de controle, uso eficiente de recursos e substituição de materiais.

1.3. Os 7 Novos Termos que Devemos Entender

- » **Auditoria:** Processo sistemático, documentado e independente, para obter evidência da auditoria e avaliá-la objetivamente para determinar a extensão na qual os critérios de auditoria são estabelecidos.
- » **Documentos:** Informação e o meio no qual ela está contida.
- » **Procedimento:** Forma especificada de executar uma atividade ou um processo.
- » **Registro:** Documento que apresenta resultados obtidos ou fornece evidências de atividades realizadas.
- » **Não-conformidade:** Não atendimento a um requisito.
- » **Ação corretiva:** Ação para eliminar a causa de uma não-conformidade identificada ou outra situação indesejável.
- » **Ação preventiva:** Ação para prevenir uma possível não-conformidade potencial ou outra situação potencialmente indesejável.

1.4. Estrutura da Família ISO 14.000: 2004

A **ISO** desenvolveu uma série de normas ambientais, editada originalmente em 1996, revisada em 2004.

A série de normas **ISO 14.000** é composta por inúmeras normas, porém as principais são as seguintes:

- » **NBR ISO 14.001: 2004** – SGA – **Especificações e diretrizes para uso**.
- » **NBR ISO 14.004: 2004** – SGA - **Diretrizes gerais sobre princípios, sistemas e técnicas de apoio**.
- » **NBR ISO 19.011: 2002** – **Diretrizes para auditoria de sistemas de gestão da qualidade e ambiental**.
- » **NBR ISO 14.040: 1996** – **Análise do Ciclo de Vida**.
- » **NBR ISO 14.050: 1996** – **Termos e Definições – Vocabulário**.

1.5. Legislação Ambiental

A princípio a norma **NBR ISO 14.001** exige que a organização estabeleça um procedimento para identificar e acessar a legislação e a outros requisitos por ela subscrito, aplicáveis aos aspectos ambientais de suas atividades, produtos e serviços.

Na política ambiental existe um requisito específico para formalizar um compromisso em atender à legislação relativa à organização.

Não existe, portanto, explicitamente, uma exigência de estar em total conformidade com a legislação. Mesmo porque legislação é para se cumprir!

Todavia, os critérios de certificação, que norteiam os organismos de certificação, são claros ao exigir que sejam demonstradas evidências de adequação à legislação como pré-requisito mínimo para a certificação.

1.5.1. Licenciamento Ambiental

Licenciamento ambiental é o complexo de etapas que compõe o procedimento administrativo, o qual objetiva a concessão de licença ambiental.

Art. 1º, I da Resolução CONAMA n.237/97 definiu o licenciamento ambiental e o art. 1º, II também definiu licença ambiental.

1.5.2. Etapas do Licenciamento

O licenciamento ambiental é feito em três etapas distintas e insuprimíveis:

a) Outorga da licença prévia;
b) Outorga da licença de instalação;
c) Outorga da licença de operação.

Ressalte-se que entre uma etapa e outra se podem fazer necessários o EIA/RIMA e a audiência pública.

1.5.3. Licença Prévia (LP)

A licença prévia vem enunciada no art. 8º, I da Resolução CONAMA nº 237/97 como aquela concedida na fase preliminar do planejamento da atividade ou empreendimento, aprovando a sua localização e concepção, atestando a viabilidade ambiental e estabelecendo os requisitos básicos e condicionantes a serem atendidos nas próximas fases de implementação. A licença prévia tem prazo de validade de até cinco anos, conforme dispõe o art. 18, I da mesma resolução.

1.5.4. Licença de Instalação (LI)

A licença de instalação obrigatoriamente precedida pela licença prévia, conforme preceitua o art. 8º, II da Resolução CONAMA nº 237/97, é aquela que.

> Autoriza a instalação do empreendimento ou atividade de acordo com as especificações constantes dos planos, programas e projetos aprovados, incluindo as medidas de controle ambiental e demais condicionantes, da qual constituem motivo determinante.

A licença de instalação possui prazo de validade, que não poderá superar seis anos, conforme o art. 18, II da resolução.

1.5.5. Licença de Operação (LO)

Conforme o art. 8º, III da resolução CONAMA nº237-97 a licença de operação também chamada de licença de funcionamento sucede a de instalação e tem por finalidade autorizar a:

> Operação da atividade ou do empreendimento, após a verificação do efetivo cumprimento do que consta nas licenças anteriores, com as medidas de controle ambiental e condicionantes determinados para a operação.

1.5.6. Principais Leis Ambientais

» Lei 12.305 - Política Nacional de Resíduos Sólidos.
» Decreto 4074 - Agrotóxicos.
» Decreto 32.955 - Uso de água.
» Lei 6938 - Cadastro Técnico Federall.
» Constituição Federal.
» Decreto 24.643 de 10/07/1934 – Código de águas e seus Regulamentos.
» Decreto 35.851 de 16/07/1954.
» Lei 4.771 de 15/09/65 – Código Florestal.

SISTEMA DE GESTÃO AMBIENTAL • *21*

» Lei 5.197 de 3/01/1967 – Fauna.
» Decreto-Lei 221 de 28/02/1967 – Pesca.
» Decreto 76.389 de 03/10/1975 – Poluição Industrial.
» Lei 6.567 de 24/09/78 – Exploração de Substâncias Minerais.
» Lei 6.766 de 19/12/1979 – Parcelamento do Solo Urbano.
» Lei 6.938 de 17/01/1981 – Política Nacional do Meio Ambiente.
» Lei 6.902 de 27/4/1981 – Áreas de Proteção Ambiental e Estações Ecológicas.
» Lei 7.347 de 24/7/1985 – Ação Civil Pública.
» Lei 7.661 de 16/05/1988 – Gerenciamento Costeiro.
» Decreto 96.044 de 18/05/1988 – Transporte de Cargas Perigosas.
» Lei 7.735 de 22/02/1989 – Cria o IBAMA.
» Decreto 97.634 de 10/04/1989 – Substâncias Perigosas.
» Lei 7.802 de 11/7/1989 – Agrotóxicos.
» Lei 7.803 de 18/07/1989 – Altera Código Florestal – Lei 4.771/1965
» Lei 7.804 de 18/07/89 – Altera Lei 6938/81, Lei 7735/89 e Lei 6.803/1980.
» Lei 7.805 de 18/7/1989 – Exploração Mineral/Garimpo.
» Decreto 99.274 de 6/06/1990 – Regulamenta as Leis 6.902/1981 e 6.938/1981.
» Lei 8.171 de 17/01/1991 – Política Agrícola.
» Decreto 750 de 10/02/93 – Mata Atlântica.
» Lei 8723 de 28/10/1993 – Poluição de Veículos Automotores.
» Lei 8.974 de 5/1/1995 - Engenharia Genética.
» Decreto 2.120 de 13/01/1997 – Altera parte do Decreto 99.274 de 6/06/1990.
» Lei 9.433 de 8/11/1997 – Recursos Hídricos.
» Lei 9.605 de 12/02/1998 – Crimes Ambientais.
» Lei 9.795 de 27/04/1999 – Política Nacional de Educação Ambiental.
» Decreto 3.179 de 21/09/1999 – Regulamenta a Lei dos Crimes Ambientais.
» Lei nº 9.985, de 18 de julho de 2000 – SNUC – Sistema Nacional de Unidades de Conservação.
» Resoluções CONAMA (Conselho Nacional do Meio Ambiente).

1.6. REQUISITOS DA NBR ISO 14.001: 2004

1. Objetivo e Campo de Aplicação.
2. Referências Normativas.
3. Definições.
4. Sistema de Gestão Ambiental.
    4.1. Requisitos Gerais.
    4.2. Política Ambiental.
    4.3. Planejamento.
        4.3.1. Aspectos Ambientais.
        4.3.2. Requisitos Legais e Outros Requisitos.

    4.3.3. Objetivos, Metas e Programa(s).
  4.4. Implementação e Operação.
    4.4.1. Recursos, funções, responsabilidades e autoridades.
    4.4.2. Competência, treinamento e conscientização.
    4.4.3. Comunicação.
    4.4.4. Documentação.
    4.4.5. Controle de Documentos.
    4.4.6. Controle Operacional.
    4.4.7. Preparação e respostas às emergências.
  4.5. Verificação.
    4.5.1. Monitoramento e Medição.
    4.5.2. Avaliação do atendimento a requisitos legais e outros.
    4.5.3. Não-conformidade, Ação Corretiva e Preventiva.
    4.5.4. Controle de Registros.
    4.5.5. Auditoria Interna.
  4.6. Análise pela Administração.
Anexos.

1.7. Processo de Certificação

As etapas básicas de um processo de certificação são:

» **Implementação do SGA:** A implementação de um sistema de gestão Ambiental é imprescindível para a realização do processo de Certificação do mesmo.

» **Escolha de um OCS:** Tendo implementado o SGA, deve ser escolhido o Organismo de Certificação do Sistema. Hoje existem aproximadamente 60 OCS's atuando no país e desses 50% são credenciados pelo órgão acreditador INMETRO.

» **Contrato com o OCS:** Feita a escolha do OCS, fecha-se um contrato, de 3 anos normalmente, para a realização do ciclo de certificação que compreende em uma auditoria de pré-certificação, uma auditoria de certificação, auditorias periódicas (de 2 a 5 por ciclo), assim reiniciamos o novo ciclo com uma auditoria de re-certificação.

» **Auditoria de pré-certificação:** Esta auditoria é opcional e serve para as empresas se conhecerem – organização e organismo de certificação.

» **Auditoria de certificação:** Auditoria completa que marca o início do ciclo contratual de certificação. Nessa auditoria a organização é recomendada para ser certificada. É nela que se emite o certificado **ISO 14.001**.

» **Auditorias periódicas (de 2 a 5 por ciclo):** Auditoria parcial que formaliza o processo de manutenção do SGA.

» **Auditoria de re-certificação:** Auditoria completa que marca o início de um novo ciclo contratual de certificação. Nessa auditoria se emite o certificado **ISO 14.001** de re-certificação.

Anotações

Anotações

CAPÍTULO 2

Ciclo PDCA

Ciclo PDCA

CAPÍTULO 2

Antes de iniciarmos nosso trabalho, devemos entender melhor o fundamento da norma que iremos trabalhar a **NBR ISO 14.001**.

Ela foi baseada na metodologia **PDCA** (Plan, Do, Check, Act), figura 1.1, e que nos ajuda a **Planejar** (Plan) o que deve ser feito para atingirmos determinados objetivos, este é o momento em que as organizações devem direcionar a maior parte de seu tempo, pois, como vemos na figura 1.2, quanto antes os problemas são detectados e eliminados menores são os custos que eles podem gerar para as organizações.

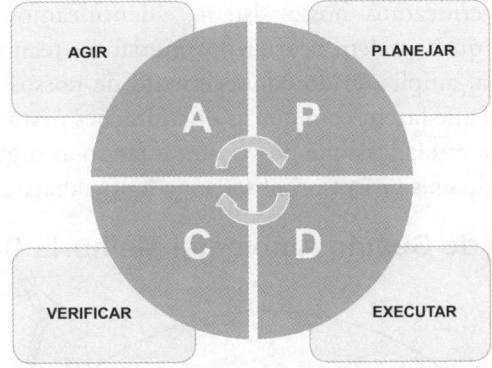

Figura 1.1

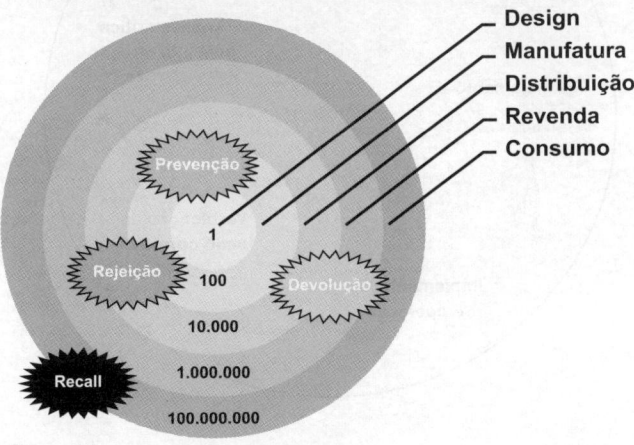

Figura 1.2

Depois, de planejadas todas as ações necessárias para o bom desenvolvimento de nossas atividades, passamos para a **Execução** (Do) das ações de uma forma ordenada e priorizada, levando-se em consideração as características do nosso negócio, sua capacidade financeira e os potenciais riscos que o nosso negócio pode gerar para o meio ambiente. Em um sistema de gestão ambiental existe uma característica diferenciada dos demais, onde teremos um capítulo especial para falarmos sobre ela, que é o atendimento à legislação aplicável ao nosso negócio, condição fundamental para que ele se torne perene no mercado.

Outra fase muito importante dessa metodologia é a **Verificação** (Check) dos resultados obtidos, do cumprimento do plano que estamos executando e principalmente se as metas e objetivos, descritos em nossos planos estão sendo alcançados. Faz-se necessário nesta etapa a correção de rumos e o redirecionamento das ações para que mantenhamos a organização no caminho certo.

Chegou então a hora de **Agir** (Act). Nesta fase devemos empreender esforços para colocarmos novamente o vagão nos trilhos e mantermos o trem em movimento, ou seja, quando verificamos nosso sistema, identificamos ganhos potenciais e pequenas falhas, as quais podem ocorrer por mudanças tecnológicas, alterações em nossa matéria-prima, ampliação do conhecimento de nossos colaboradores, enfim, uma série de fatores que fazem com que as organizações permaneçam em constantes mudanças. São essas mudanças que provocam, quando as organizações permitem, a melhoria contínua de seus processos, observe na figura abaixo.

Sistema de Gestão Ambiental Melhoria Contínua

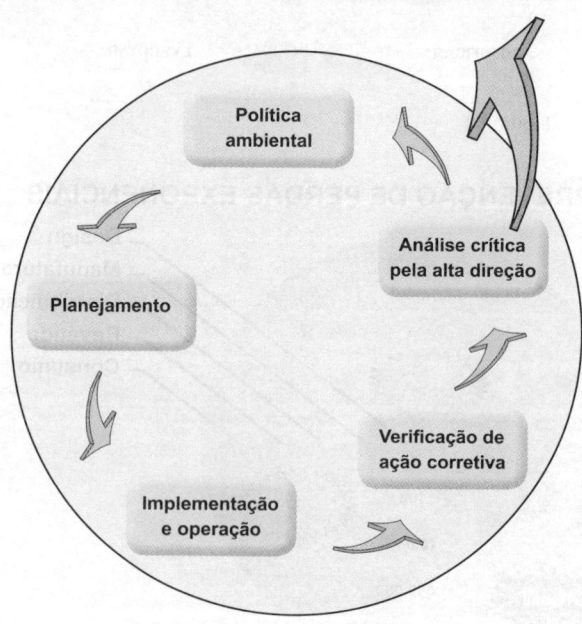

Neste momento já passamos a tomar conhecimento de alguns termos que merecem uma atenção maior, tais como, política ambiental, a própria melhoria contínua, análise crítica, alta direção, e que no decorrer dos capítulos serão abordados de maneira mais ampla.

Quando falamos de verificação, dentro da **NBR ISO 14.001**, significa dizer que os requisitos que são exigidos por ela devem ser auditados para a manutenção do sistema de gestão.

Uma informação importante é que este sistema tem como um de seus fundamentos a identificação dos aspectos ambientais gerados nos seus processos e os possíveis impactos ambientais que eles podem provocar. Veremos também como este levantamento está relacionado com os demais requisitos desta norma e a inter--relação entre ele e os demais processos das organizações.

A empresa que conhece os seus potenciais causadores de poluição ou contaminação, tem uma boa gestão de resíduos implementada e trabalha preventivamente, tem mais de a metade do caminho percorrido para a implementação da **NBR ISO 14.001**. A definição dos objetivos e metas, da política ambiental, dos controles operacionais e do plano de atendimento a emergências torna-se muito mais fácil e rápida, agilizando boa parte do processo de implementação, por outro lado, quando este levantamento inexiste ou é mal elaborado, será necessário um maior dispêndio de tempo nesta etapa, para depois seguirmos com as demais fases do processo.

É reconhecido pela própria norma que apenas a sua adoção não garante ótimos resultados ambientais, para que isso ocorra, um bom sistema de gestão ambiental deve estimular o emprego de técnicas avançadas e disponíveis, desde que sejam economicamente viáveis.

Vale lembrar que os requisitos da norma **NBR ISO 14.001**, são de aplicação exclusiva para a área ambiental e não incluem requisitos de normas relacionadas com qualidade, finanças, saúde e segurança ou outras, porém é permitida e reconhecida a relação deste modelo com outros aplicáveis às organizações.

A **NBR ISO 14.001** também reconhece que a complexidade e a riqueza de detalhes, a documentação, os recursos destinados ao sistema de gestão ambiental estão diretamente ligados ao escopo, porte e natureza das atividades, produtos e serviços das organizações que vierem a adotá-la.

Com essas informações vemos que a norma pode ser aplicada a qualquer empresa ou organização que tenha interesse em implementar um sistema de gestão ambiental que possa ser mantido e aprimorado, estabeleça uma política ambiental que esteja em conformidade com suas atividades, objetivos e metas e atenda aos seus requisitos.

Gostaria de terminar este capítulo comentando alguns dos principais termos e definições descritos na norma.

Um dos termos utilizado é o **auditor**, a figura dele dentro das organizações normalmente não é vista com bons olhos, quando na verdade é ele que, após passar por uma série de treinamentos, tem a competência para identificar quais são os pontos fracos ou as **não-conformidades**, outro termo usado para definir os desvios de nosso sistema em relação aos requisitos desta norma. Das não-conformidades surgem as **ações corretivas** que buscam a eliminação das causas dos problemas ou desvios encontrados. Não devemos confundir este termo com outro parecido que é a **ação preventiva**, ela ocorre quando foi identificada uma potencial não-conformidade e sua causa é eliminada antes que ela ocorra.

Estes apontamentos são realizados durante as **auditorias internas**, que são as avaliações pelas quais os processos devem passar periodicamente e devem gerar um tipo de documento chamado **registro**, que aponta evidências ou resultados.

Esses eventos ocorrem nas **organizações**, que são qualquer tipo de empreendimento com funções e administração próprias e que tenham um **sistema de gestão ambiental**, o qual pode ser único ou parte de um sistema de gestão maior, mas que tenha como objetivo implementar e manter uma **política ambiental** (princípios e intenções expressos formalmente pela alta administração, relacionados ao seu desempenho ambiental) e gerenciar seus aspectos ambientais. É decorrente da política ambiental das organizações o seu **objetivo ambiental**, ou seja, o propósito ambiental que deseja atingir. É necessário então que sejam estabelecidas e atendidas **metas ambientais** que medem o desempenho da organização na busca pelos seus objetivos.

Aspecto ambiental é a relação que existe entre os elementos das atividades, produtos ou serviços de uma organização e a interação que pode provocar no **meio ambiente** (área onde a organização opera, incluindo ar, água, solo, recursos naturais, flora, fauna os seres humanos e suas inter-relações). Quando ocorre alguma alteração (benéfica ou não) no meio ambiente, provocada por algum aspecto ambiental, isto é um **impacto ambiental**. Os resultados medidos da gestão sobre os aspectos ambientais é o seu **desempenho ambiental**.

Para que o sistema possa atingir os objetivos estipulados, é necessário que **procedimentos** sejam elaborados e neles sejam especificadas as formas de se executar uma atividade ou um processo, alguns deles devem gerar **documentos** que é a forma onde uma informação é armazenada.

Aos interessados ou afetados pelo desempenho ambiental das organizações (**parte interessada**), é importante que elas usem de formas capazes de evitar, reduzir ou controlar a geração, emissão ou descarga de qualquer tipo de poluente ou rejeito para reduzir seus impactos ambientais, como uma maneira de **prevenção de poluição**.

Por fim podemos definir como **melhoria contínua**, o processo de avanço do sistema de gestão ambiental, aprimorando o desempenho de maneira coerente com a política ambiental da organização.

Passaremos a comentar, nos capítulos seguintes, o item **Requisitos do sistema de gestão ambiental**, da **NBR ISO 14.001**, onde são descritas as condições mínimas para a conquista da certificação e para que o sistema gere os resultados que almejamos.

Anotações

Anotações

CAPÍTULO 3

Entendendo a Política Ambiental

Entendendo a Política Ambiental

CAPÍTULO 3

Antes de abordarmos o tema **Política Ambiental**, gostaríamos de comentar sobre o objetivo principal da **NBR ISO 14.001**.

Nós veremos que nessa norma são especificados os requisitos necessários para a implementação de um sistema de gestão ambiental, que pode ser aplicável a qualquer tipo de organização, ou seja, podemos aplicar esses requisitos em empresas dos mais variados tamanhos, desde uma microempresa, até as grandes corporações com unidades espalhadas por diferentes países no mundo inteiro, também não importa o número de funcionários ou a área que ela ocupa, muito menos o raio de abrangência de sua atuação, não é uma norma específica, como a aplicável à indústria de medicamentos ou a aeronáutica, por exemplo, sendo assim podemos utilizá-la em indústrias dos mais diferentes tipos, empresas da área de prestação de serviços e até no comércio. Da mesma forma, basta que alguns passos sejam seguidos e a organização esteja disposta a desenvolver e manter uma política ambiental que esteja ligada a objetivos e metas, que levem em consideração tanto os requisitos legais, que são as leis aplicáveis ao desenvolvimento do seu negócio, e neste caso sim, devemos levar em consideração o tamanho da organização e sua área de atuação, pois empresas que atuam na área de importação e/ou exportação estão sujeitas não só as leis do país onde estão instaladas, mas também, devem obedecer a legislação dos países onde atuam ou onde seus produtos são utilizados. Muitas vezes as organizações, para garantir que os requisitos legais sejam cumpridos, desenvolvem os seus próprios requisitos internos, que também devem ser levados em consideração toda e qualquer informação referente aos aspectos ambientais significativos que suas atividades possam provocar.

Na **ISO 14.001** não encontraremos nenhum critério específico de desempenho ambiental, o que significa dizer que, apesar de um dos itens obrigatórios da política ambiental, ser a prevenção a poluição, esta norma não obriga as organizações que assumem o compromisso de adotá-la como o seu sistema de gestão, a reduzir a sua emissão de gases poluentes em 30% ao ano, muito menos que a sua geração de resíduos sólidos seja minimizada em 10% ao mês. Cabe a cada organização determinar o seu potencial de redução de poluentes e os prazos com os quais irá alcançá-los. Apesar disso, porém, ela se aplica aos aspectos ambientais significativos que a organização identifica como sendo aqueles onde pode atuar de forma a controlá-los e reduzi-los, buscando sempre a melhoria contínua, minimizando seus impactos e seus riscos.

Dessa forma, toda organização que deseja implementar um sistema de gestão ambiental, que possa ser mantido e aprimorado, que desenvolva uma política ambiental que esteja de acordo com suas atividades, que esteja empenhada em desenvolver autoavaliações periódicas para o desenvolvimento desse sistema, pode aplicar e implementar os requisitos dessa norma.

Como vemos, esta norma não é obrigatória ou imposta às organizações, apesar de, na maioria das vezes, sua implementação ocorrer por imposições comerciais, onde, por exigência de clientes as organizações passam a implementar os requisitos dela, mas quando esta implementação ocorre por decisão da cúpula diretiva da organização, visando o desenvolvimento de um sistema de gestão ambiental, cujo objetivo principal é o desenvolvimento da melhoria contínua de seus processos, produtos e serviços, os ganhos potenciais são muito maiores, vamos lembrar aqui que, ao falarmos de um sistema de gestão ambiental, estamos considerando não apenas a destinação de resíduos de forma adequada, essa é uma pequena parcela do que envolve a totalidade desse sistema, temos que ter em mente que a organização passará a trabalhar de forma preventiva, reduzindo os riscos para evitar que os acidentes ambientais possam ocorrer, avaliando situações antes que elas ocorram, reavaliando os seus processos em busca de falhas que possam afetar a imagem da empresa no mercado. A simples implementação dos requisitos dessa norma não garante que isso aconteça, mas quando ela é utilizada da forma correta, o potencial de risco de acidentes ambientais das empresas diminui consideravelmente.

Foram marcantes os grandes acidentes ocasionados pelas empresas petrolíferas no Alasca ou, então, aquele que foi considerado o maior vazamento da história, no Golfo do México, onde a extensão de contaminação foi gigantesca, afetando a fauna e flora marinha em uma escala jamais vista. Não há sistema a prova de falhas, principalmente quando ele não é levado a sério, o que devemos ter em mente é que os sinais de fraqueza de nosso sistema não devem ser desconsiderados ou camuflados, pelo contrário, devem servir para orientar nossas ações em busca da melhoria.

Não existe uma receita de bolo que podemos aplicar para todas as organizações de uma mesma maneira para a implementação dessa norma, devemos analisar cada caso, levar em consideração o porte e a disponibilidade de mão-de-obra e de capital, da estrutura e principalmente do objetivo de cada organização. Por isso, neste livro iremos comentar os requisitos da **ISO 14.001** passando algumas informações e mostrando exemplos de como aplicá-los, seguindo o que está descrito no item 4 da **NBR ISO 14.001: 2004 – Requisitos do Sistema de Gestão Ambiental**.

O primeiro item que a norma faz referência são os **Requisitos Gerais (4.1)**, onde está definido que o sistema de gestão ambiental deve ser implementado, mantido, estabelecido, documentado e melhorado continuamente, atendendo aos requisitos dessa norma. Neste item já fica claro o objetivo e a intenção dessa norma que é a busca da melhoria contínua dos processos, produtos e serviços das organizações que se utilizam dela para a implementação de seu sistema de gestão ambiental. Desde o início dos requisitos para sua implementação a norma estabelece uma regra, para qualquer organização que tenha interesse em adotá-la, esta organização tem que ter como objetivo final a manutenção e melhoria contínua de seu sistema.

A organização também deve determinar como os requisitos da **ISO 14.001** serão atendidos de maneira a dar garantias para que o sistema seja melhorado. Outro ponto é que, antes de qualquer coisa, a organização deve definir o escopo de seu sistema de gestão ambiental.

Após tomarmos ciência da necessidade de manutenção e melhoria de nosso sistema e aceitarmos esta condição básica para o desenvolvimento das atividades para a sua implementação, vemos que a norma define algumas regras também para a elaboração da política ambiental das organizações, no texto da norma **ISO 14.001** está redigido da seguinte forma o requisito **4.2 Política Ambiental**:

> A alta administração deve definir a política ambiental da organização e assegurar que, dentro do escopo definido de seu sistema da gestão ambiental, a política:
> a) Seja apropriada à natureza, escala e impactos ambientais de suas atividades, produtos e serviços.
> b) Inclua um comprometimento com a melhoria contínua e com a prevenção de poluição.
> c) Inclua um comprometimento em atender aos requisitos legais aplicáveis e outros requisitos subscritos pela organização que se relacionem a seus aspectos ambientais.
> d) Forneça uma estrutura para o estabelecimento e análise dos objetivos e metas ambientais.
> e) Seja documentada, implementada e mantida.
> f) Seja comunicada a todos que trabalham na organização ou que atuem em seu nome.
> g) Esteja disponível para o público.

Cabe a alta administração definir a política da organização e aqui vemos o quão difícil é para as empresas fazer com que a sua equipe diretiva se reúna por uma hora e discuta quais são os pontos onde a visão e missão dessa empresa estão alinhadas com o cumprimento da legislação, a prevenção da poluição, entre outros. Quando isso ocorre, 95% dos problemas do sistema começam a ser solucionados, pois há o envolvimento dos líderes da organização. Pena que isso não aconteça na mesma proporção nas organizações que optam pela implementação de um sistema de gestão ambiental, o que queremos dizer é que, na maioria das vezes, com o auxílio de uma das mais poderosas ferramentas para resolução de problemas e não estamos falando de Pareto, Ishikawa, PDCA, CAP-Do, 5W+1H, 5 Porquês, ou outra qualquer, mas sim das ferramentas de pesquisa na internet, onde os executivos determinam aos seus auxiliares que demandem parte de seu tempo para identificarem qual a política adotada por seus concorrentes ou por seus principais clientes e, então, com a ajuda de outra ferramenta fabulosa, o "ctrl+c" e "ctrl+v" elaboram a política ambiental de sua empresa e, então, o sistema tem tudo para não funcionar.

Cabe a alta administração, além de definir a política ambiental, dar garantias para que ela possa ser implementada e mantida na organização. Uma boa política ambiental está diretamente ligada aos objetivos e metas da organização e leva em consideração os aspectos e impactos ambientais significativos que são gerados por ela, ou seja, a política ambiental que rege uma empresa produtora ou que se utiliza, por exemplo, de produtos químicos corrosivos, em seu processo produtivo, deve ser diferente da política de uma empresa cujos processos produtivos são menos perigosos, devido as proporções dos impactos ambientais gerados pelos diferentes aspectos gerados por elas e pelo risco de um possível acidente ambiental que possam provocar.

Deve-se levar em consideração, na elaboração da política ambiental, como as organizações desenvolverão a melhoria contínua de seus processos, produtos e serviços e como pretendem atuar na prevenção a poluição. Na ânsia de elaborarem uma política ambiental perfeita, muitas empresas se comprometem a não poluir ou plantar tantas árvores quanto necessário para a compensação do CO_2 emitido por seus processos, mas se esquecem que se trata de um processo de melhoria contínua e a não poluição, atualmente, ainda é inalcançável, e a política ambiental é o primeiro passo para a auditoria de um sistema.

Existe um ponto muito mais complicado na área ambiental e que demanda tempo e recursos das empresas, que é o atendimento aos requisitos legais aplicáveis ao nosso negócio. Acompanhar a constante alteração na legislação é uma tarefa difícil de ser realizada e merece destaque, tanto que existe um requisito específico na norma para este item. As empresas procuram, através de normas e regulamentos internos garantir que a legislação seja atendida, aplicando itens de controle que mantenham os processos dentro de parâmetros aceitáveis e criando rotinas de verificação e de atendimento à emergências que minimizem o risco do não atendimento a legislação.

Surgem, originários do levantamento de aspectos e impactos ambientais significativos e da política ambiental, os objetivos e metas para acompanhamento e busca da melhoria contínua e, para que a organização consiga atingi-los, é necessário que seja disponibilizada uma estrutura adequada. Essa estrutura é tão importante que faz parte da política ambiental.

A alta administração deve garantir que a política ambiental seja implementada, mantida e documentada. A norma fala sobre documentação, mas não cita como ela deve ser feita, cabendo a cada organização identificar qual a melhor alternativa que possa adotar. O importante é lembrar que, mantida, significa que o que nos comprometemos a fazer deve ser cumprido e, assim como o sistema, a política ambiental também pode ser alterada, com o passar do tempo, isso também mostra como a empresa está preocupada com a melhoria contínua.

Outro ponto forte deste requisito é que a política ambiental deve ser comunicada para todos aqueles que trabalhem para a organização, não só os funcionários diretos, mas também para aqueles que a representem direta ou indiretamente, assim, se nossa empresa utiliza-se de algum prestador de serviços, este também deve conhecer e saber aplicar a nossa política ambiental. Os meios utilizados pelas empresas são treinamentos de integração, reciclagens periódicas, banners e cartazes espalhados pela empresa, publicação em sites, cartilhas e as famosas colas distribuídas para os funcionários. Isso contribui para o atendimento do item **g** do requisito **4.2**.

Alguns cuidados devem ser tomados na elaboração da política ambiental, para que não corramos o risco de que o sistema de gestão ambiental cometa suicídio. Levemos sempre em consideração que devemos escrever o que fazemos e devemos fazer tudo o que está escrito. Quando iniciamos um processo para implementação de um sistema, as empresas têm a tendência de querer resolver todos os problemas durante a implantação do sistema e se esquecem que ele pode e deve ser melhorado continuamente, um cuidado que é bom tomar é a de criação de um "momento zero" e partam desse ponto o início de implementação de seu sistema, agindo assim conseguiremos manter nosso sistema e promover a melhoria contínua dele.

Políticas ambientais muito extensas, com palavras de difícil compreensão, também devem ser evitadas. Devemos procurar frases curtas, de fácil entendimento pelas pessoas, com palavras chaves que facilitem o aprendizado e acima de tudo que torne mais fácil o entendimento do que a política quer transmitir, onde queremos chegar, quais são nossos objetivos e metas e como devemos agir para alcançá-los.

Acreditem não é de uma hora para outra que conseguiremos atingir todos esses objetivos e elaborarmos nossa política ambiental, mas se dedicarmos parte de nosso tempo, ouvirmos nossos colaboradores e principalmente se soubermos onde queremos chegar, temos tudo para a elaboração de uma política que pode durar bons anos, antes que tenhamos que adequá-la à nossa nova realidade.

Outra tarefa importantíssima a ser desenvolvida, antes da elaboração da política ambiental, e que demanda uma boa dose de tempo, mas que ajudará de maneira fundamental é a correta gestão dos resíduos gerados pela organização. Esta gestão se inicia com o levantamento dos aspectos ambientais da empresa e dela derivam os impactos ambientais que podem provocar, os controles, objetivos e metas para sua redução e boa parte do trabalho que será desenvolvido para a manutenção do sistema de gestão ambiental.

Alguns detalhes devem ser observados durante a elaboração da política ambiental, uma vez que ela deve ser dinâmica, capaz de se adaptar às alterações pelas quais a organização pode passar, de posse dessa informação, entendemos que não devemos ser detalhistas na sua elaboração, a política deve ser genérica. A política ambiental também serve como uma bússola, ela estabelece um senso global de direção e determina parâmetros de ação para a organização, nela devemos levar em consideração a visão, missão, valores, convicções essenciais e as condições locais e regionais, nas quais a organização está inserida.

Como vemos elaborar uma política ambiental que atenda a tantos requisitos não é fácil, talvez este seja o principal motivo pelo qual os altos executivos das empresas não perdem a oportunidade de copiar e colar partes de políticas de outras empresas para formar a sua própria, porém se esquecem que estão cometendo um grande erro o mesmo de seus concorrentes, às vezes, uma vez que cada organização é única, como um ser vivo, composta por pessoas diferentes, com conhecimentos específicos e com uma história e cultura que a torna exclusiva.

Para encerrar este capítulo veja um exemplo fictício de uma política ambiental para uma rápida análise:

> A Marquesa, fabricante de palitos para sorvete, tem como política ambiental atender a toda legislação, não poluir e obter 100% de rendimento de seus processos produtivos.

Como uma empresa pode declarar em sua política que não irá poluir, mesmo que não produza, só na construção da estrutura que irá utilizar para suas instalações já foi gerada poluição suficiente.

Outro ponto falho, atender a toda legislação, não teve, ao menos, a preocupação de limitar a legislação aplicável ao escopo de seu negócio e como uma empresa pode atender a toda a legislação?

CAPÍTULO 4

PLANEJAMENTO

PLANEJAMENTO

CAPÍTULO 4

Antes de darmos início aos requisitos de implementação de um sistema de gestão ambiental baseado na **NBR ISO 14.001**, devemos analisar um ponto básico que é o planejamento. Como dissemos anteriormente, a metodologia utilizada pela norma é o PDCA, razão essa pela qual iniciamos pelo planejamento.

O requisito **4.3** da norma **ISO 14.001** é dividido em três partes que serão comentadas individualmente, a saber:

» **4.3.1. - Aspectos Ambientais.**
» **4.3.2. - Requisitos Legais e Outros.**
» **4.3.3. - Objetivos, Metas e Programas.**

Estes três tópicos servem como base para a implementação do sistema e, quando bem desenvolvidos, permitem que a maior parte dos problemas sejam identificados e monitorados.

Uma característica do brasileiro é a ânsia em resolver os problemas rapidamente, normalmente não temos muita paciência e optamos por não utilizar parte de nosso tempo no planejamento de ações. Gostamos de ganhar tempo e agimos com velocidade acelerada, porém, nem sempre as soluções que adotamos como sendo aquelas ideais para a resolução do problema que estamos analisando, surtem os efeitos desejados. Quantas vezes vemos melhorias que não rendem os resultados esperados, isso quando não temos que retornar a condição anterior, porque o efeito colateral gerado foi muito pior do que antes de sua implementação.

Como foi visto no capítulo anterior, uma empresa que desenvolve uma gestão de resíduos bem elaborada já percorreu um grande caminho para a implementação do seu sistema de gestão ambiental, pois partimos do levantamento dos aspectos ambientais, que estão inseridos na gestão de resíduos, para a elaboração dos objetivos e metas e os programas que iremos desenvolver para atingirmos os objetivos.

Mais uma vez vemos a importância do atendimento da legislação aplicável ao nosso negócio, tanto que, dentro do planejamento este item já é destacado. Deveremos ter nele uma atenção toda especial, para que, da maneira mais adequada, não deixemos de cumprir as obrigações legais.

Seguindo o ciclo PDCA, a elaboração da norma passa por outras 3 partes:
» **4.4. - Implementação e Operação**.
» **4.5. - Verificação**.
» **4.6. - Análise pela Administração**.

Vemos a clara definição do ciclo PDCA dentro da norma, quando observamos a sua distribuição, partimos do planejamento de nossas ações onde teremos que demandar uma boa dose de tempo e, como disse, também de paciência, nesta fase devemos analisar os principais processos de nossa organização, quais as atividades desenvolvidas em cada um deles, qual a relação dessas atividades com a gestão ambiental, verificar quais os aspectos ambientais significativos que cada uma delas gera para então darmos o passo seguinte.

Ainda no planejamento analisamos quais obrigações legais estamos sujeitos e como elas podem impactar nosso negócio e seguimos o planejamento determinando os objetivos que queremos alcançar. Neles determinaremos quais os aspectos deverão ser controlados, onde a empresa pretende chegar e em quanto tempo. Depois disso são criadas as metas, que podem ser de redução na geração e emissão de poluentes ou, então, essas metas também podem ser do aumento da participação na geração de impactos positivos ao meio ambiente, como plantio de árvores, preservação de áreas protegidas, recuperação de áreas degradas, etc.

Depois de desenvolvidas as atividades da fase de planejamento, damos continuidade ao ciclo e partimos para a fase de implementação, nela serão realizadas a maior parte das tarefas para a implementação da **NBR ISO 14.001**, desde a determinação dos recursos, responsabilidades e autoridades, dentro do sistema de gestão ambiental que estamos desenvolvendo, passando pela criação de controles de documentos e controles operacionais, como deve ser o desenvolvimento da comunicação de nosso sistema, quais as competências e treinamentos necessários para a conscientização de todos os envolvidos até como as emergências serão atendidas.

Na sequência vamos para a fase de verificação do nosso sistema, é aqui onde os auditores entram em ação. Nesta fase são avaliados se os requisitos legais são atendidos, se os monitoramentos e medições estão sob controle, se as não-conformidades estão servindo para a melhoria do sistema de gestão ambiental, entre outras atividades.

E, por fim, passamos pela etapa de análise, onde voltamos a cobrar a participação da alta administração, pois cabe a ela a verificação das informações levantadas na fase anterior e a garantia de manutenção do sistema.

Para que esta distribuição fique mais clara retornaremos a figura do capítulo 2, incluindo as informações que passamos a conhecer neste capítulo.

PDCA

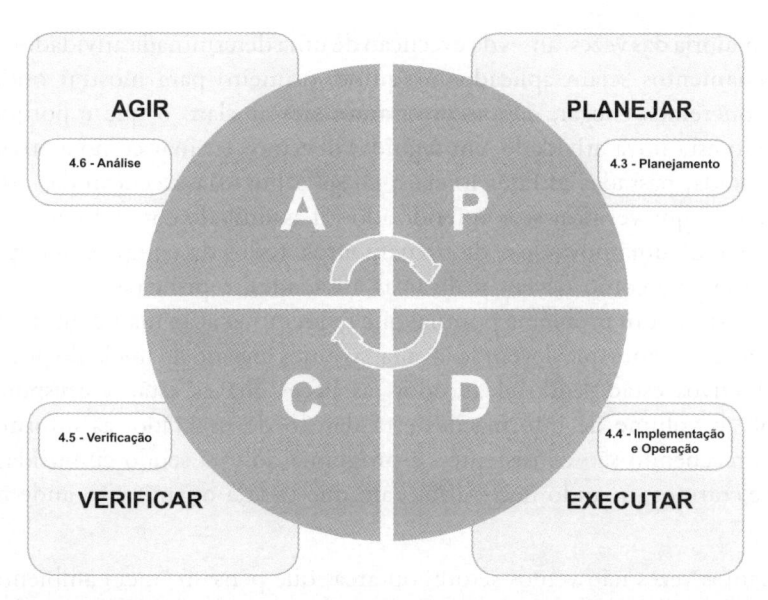

- **AGIR** — 4.6 - Análise
- **PLANEJAR** — 4.3 - Planejamento
- **VERIFICAR** — 4.5 - Verificação
- **EXECUTAR** — 4.4 - Implementação e Operação

Como podemos ver, para o desenvolvimento de um bom sistema de gestão ambiental, é importante que as organizações, e claro, principalmente, os seus líderes, dediquem uma boa dose de tempo para o planejamento de todas as atividades que deverão ser executadas para que obtenham sucesso na implementação desse sistema.

Existe uma grande carência de bons executivos com a visão de planejamento bem desenvolvida e que consigam controlar a ansiedade, que é peculiar do brasileiro, ritmando a equipe na velocidade necessária para que esta etapa seja estruturada de maneira cautelosa. É muito difícil mantermos a calma e não pularmos fases do planejamento, em muitos casos pensamos que já sabemos as respostas para muitas das perguntas, pois somos experientes no assunto, conhecemos o negócio como ninguém e acabamos por não dar importância para alguns pontos que julgamos sem relevância no momento, mas que depois serão grandes perdas de tempo e de retrabalho que pode comprometer nossos prazos.

O que dizer então quando temos que ceder a pressão de nosso cliente, por exemplo, como podemos evitar a tentação de utilizarmos partes de levantamentos repassados por nossos fornecedores e assim não "perdermos tempo" desenvolvendo ou estudando nossa própria empresa ou os processos envolvidos no sistema que tanto desejamos implementar.

A velocidade ideal, o ritmo adequado, o tempo que pode ser empreendido na fase de planejamento não é o mesmo para todas as empresas, lembrando que cada organização tem suas peculiaridades e suas características que a tornam única e especial e para cada uma delas existe o tempo certo, cabe a um bom consultor saber identificar qual é esse tempo e negociá-lo com a alta administração da organização.

Na maioria das vezes, antes da execução de uma determinada atividade é necessário que treinamentos sejam aplicados à equipe, primeiro para mostrar onde estamos e onde queremos chegar, depois precisamos deixar claro o que e porque estamos realizando esta nova atividade, em seguida, devemos ensinar como a atividade deve ser executada, passadas as fases iniciais, chega a hora da execução das atividades e, então, temos que verificar se o aprendizado foi assimilado corretamente, se não há a necessidade de uma nova dose de treinamentos, todos da equipe entenderam o que precisam fazer e como devem realizar as atividades, e principalmente sabem onde chegar, existe algum problema pontual que requer uma ação mais contundente. Essas são algumas questões que devem ser avaliadas antes mesmo do início do planejamento. E os objetivos estão sendo alcançados, as peças chaves estão correspondendo ao esperado, o volume de informações está dentro do esperado, as informações que estamos recebendo são consistentes, a programação está sendo cumprida, aqui sim cabe acelerarmos, quando necessário, para que toda a organização ande no mesmo ritmo.

Quantas vezes não vemos setores ou áreas que pensam "meio ambiente não tem nada a ver com a minha área" ou "meu negócio é ... (complete aqui com a atividade que o seu setor desempenha) e não cuidar do meio ambiente" ou ainda uma das mais famosas "pode verificar aqui na minha área está tudo certo". É justamente nessas áreas onde encontramos os maiores problemas, são as áreas onde o nível de resistência é maior, onde aparece aquela pessoa que diz, "mas nós sempre fizemos assim, por que vamos mudar agora?" ou acontece a reação de fingir que faz. Você vai explicar para a pessoa o que a equipe precisa fazer, qual a importância dessa atividade no contexto do sistema como um todo, pergunta se as informações foram passadas de maneira clara e se existe alguma dúvida e claro a resposta é que está tudo certo, pode ficar tranquilo, determinamos, então, o prazo e quando voltamos para verificar o andamento das atividades elas simplesmente não ocorreram e a desculpa é "tive que atender uma emergência e não deu tempo".

Nessas horas cabe ao consultor, com paciência e perseverança, direcionar os trabalhos, definir e cobrar prazos mais curtos, acompanhar mais de perto e evitar ao máximo realizar a atividade no lugar do gestor do processo que está gerando problema, sim porque o consultor, assim como a alta administração, também tem a sua dose de ansiedade, ele também quer que o processo flua de maneira rápida e, as vezes, comete o erro de realizar a atividade ou trazer aquela ferramenta pronta para agilizar o andamento das atividades, quando o mais correto seria, durante as reuniões para avaliação do projeto, que estes pontos fracos fossem levantados para que as ações corretivas sejam tomadas pela alta administração, pois é ela a responsável pelo sistema, e também para que o dono do processo torne-se consciente da necessidade de sua participação, envolvimento e comprometimento no sistema como um todo, e saiba que quando uma peça falha, todo o sistema corre o risco de falhar.

Em consistência de sistema, não há uma peça mais ou menos importante do que outra, dentro de suas proporções todos os processos são de extrema relevância.

Outro ponto que deve ser levado em consideração é que o planejamento não pode ser feito apenas com base no presente, devemos levar em consideração quais as perspectivas futuras da empresa, onde estará nos próximos 5 ou 10 anos.

Um bom exemplo que podemos citar e que está relacionado com o item requisitos legais é:

> No estado de São Paulo, a CETESB é a Agência Ambiental responsável pelo licenciamento de um grande grupo de empresas, um dos itens solicitados para a análise e liberação de uma licença é o volume de produção. Na maioria das vezes as empresas informam o quanto produzem atualmente, mas como a licença pode ter prazo de validade de até 5 anos, no meio desse período, pode ocorrer o aumento da produção e esse excedente está fora dos limites da Licença de Operação, descumprindo assim um item básico da legislação.

Como vemos, quando bem realizada a fase de planejamento, o tempo ganho na execução e nas demais fases do projeto são valorosos.

Anotações

Anotações

CAPÍTULO

5

OS ASPECTOS AMBIENTAIS

REQUISITO 4.3.1. - ASPECTOS AMBIENTAIS

Os Aspectos Ambientais

CAPÍTULO 5

Seguindo os requisitos da **NBR ISO 14.001**, dentro do item **4.3 – Planejamento**, o primeiro ponto a ser abordado é o item Aspectos Ambientais.

5.1. Requisito 4.3.1. - Aspectos Ambientais

É necessário reforçar que uma empresa que tem uma **Gestão de Resíduos** bem elaborada, criteriosa, consistente e coerente, tem mais de 50% do caminho percorrido para a implementação de um bom sistema de gestão ambiental.

Vejamos qual a definição de aspecto ambiental que a norma **ISO 14.001** nos traz: "Aspecto Ambiental – elemento das atividades ou produtos ou serviços de uma organização que pode interagir com o meio ambiente."

Então, o consumo de água nos banheiros de um escritório ou a energia elétrica utilizada para funcionar um computador e até a lâmpada usada para iluminar os ambientes, podem interagir com o meio ambiente, ou seja, todos os processos de uma empresa podem gerar aspectos ambientais, que podem ser significantes ou não e atuarem de forma positiva ou negativa no meio ambiente.

O tema que será abordado neste capítulo é um dos alicerces desta norma e está diretamente relacionado com outros requisitos uma vez que dependemos deste levantamento para a elaboração de nossa política ambiental, pois como podemos falar sobre prevenção da poluição, se não conhecermos o que geramos de poluentes; também está relacionado com nossos objetivos e metas, que na área ambiental são, em sua maioria, relacionados a redução de geração de resíduos; também vemos que deste levantamento depende uma série de treinamentos; a geração de um plano de combate à emergências e acidentes vai nos ajudar a elaborar os controles operacionais de nossos processos; nos direciona sobre quais requisitos legais estamos obrigados a atender; entre outros pontos.

A próxima figura mostra a inter-relação entre o levantamento de aspectos e impactos ambientais e os requisitos exigidos pela **ISO 14.001**. Ela mostra que é uma relação onde há a troca de informações entre as partes, ocasionando a atualização constante do sistema como um todo.

Façamos uma leitura do que está descrito no item **Aspectos Ambientais** da norma **ISO 14.001**:

> A organização deve estabelecer, implementar e manter procedimento(s) para:
> a) Identificar os aspectos ambientais de suas atividades, produtos e serviços, dentro do escopo definido de seu sistema da gestão ambiental, que a organização possa controlar e aqueles que ela possa influenciar, levando em consideração os desenvolvimentos novos ou planejados, as atividades, produtos e serviços novos ou modificados;
> b) Determinar os aspectos que tenham ou possam ter impactos significativos sobre o meio ambiente (isto é, aspectos ambientais significativos).
> A organização deve documentar essas informações e mantê-las atualizadas.
> A organização deve assegurar que os aspectos ambientais significativos sejam levados em consideração no estabelecimento, implementação e manutenção de seu sistema de gestão ambiental.

O primeiro ponto que observamos neste item é que ele é de tamanha importância, pois a norma deixa claro o que a organização "deve" fazer, e quando vemos a palavra "deve" na norma, "devemos" destinar atenção redobrada ao item. Em vários pontos da norma esta palavra nos direciona para o que devemos fazer e o não atendimento a um desses itens pode acarretar na falência do sistema ou em uma falha grave no seu desempenho.

Voltando a análise do item aspectos ambientais, a norma não determina quantos aspectos e procedimentos a empresa deve ter, mas devem garantir o bom desempenho das atividades. Um bom procedimento deve ser criado de forma que qualquer pessoa na organização possa entendê-lo e executá-lo; outro fator importante é que não basta criarmos um procedimento, ele deve ser implementado, o que significa que deve ser colocado em prática e para tanto as pessoas envolvidas neste procedimento devem compreendê-lo e saber como executá-lo, daí começam as inter-relações que ocorrem no sistema, onde veremos o treinamento e a capacitação das pessoas. Para que o procedimento seja implementado, ele deve ser aprovado, o que comparando com o nosso sistema legislativo, é uma lei que passa a vigorar, além disso os procedimentos necessitam de atualização constante, a norma também não nos obriga, por exemplo, a cada bimestre revermos todos os nossos procedimentos, mas as revisões devem ocorrer periodicamente, ou sempre que ocorrerem alterações no sistema ou nos processos, garantindo que o seu desempenho será mantido.

O foco desse procedimento ou conjunto de procedimentos, primeiro é a identificação dos aspectos ambientais da organização, aqui é importante lembrar que todo processo gera seus aspectos ambientais, vejamos a figura abaixo:

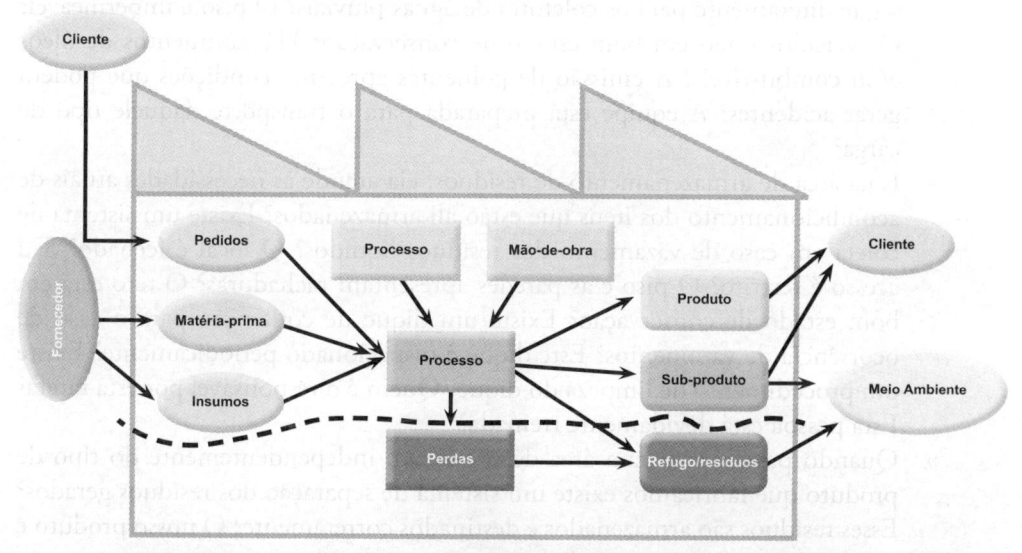

Fica claro que não há processos que não tenham refugo, desperdício ou perdas, que levam a geração de resíduos ou aspectos. Podemos citar como exemplos de aspectos ambientais a emissão de gases poluentes; a geração de ruído e vibração; a geração de esgotos sanitários, de embalagens contaminadas, de efluentes, de resíduos perigosos, o consumo de combustíveis fósseis, de energia e de água, entre outros, que podem interagir com o meio ambiente de forma positiva ou negativa.

A **NBR ISO 14.001** mostra apenas o que deve ser feito, ela não deixa claro como devemos proceder para atingirmos os objetivos, mas a experiência nos mostra que alguns passos podem nos ajudar a encontrar um atalho para alcançar o objetivo final de implementação de um sistema de gestão ambiental que atenda as necessidades da norma e se adéque às nossas necessidades.

Para um bom levantamento de aspectos ambientais é fundamental que identifiquemos as atividades, produtos ou serviços de nossa organização que geram impactos ambientais.

Como vimos, dificilmente encontraremos um processo que deixe de gerar aspecto, recomenda-se então, que todos os processos sejam avaliados e os seus aspectos levantados. Algumas ferramentas que nos ajudam nesta tarefa são: reuniões, brainstorming, check-list, fluxos e diagramas, matrizes de inter-relação, análises de risco, planilhas, entre outras.

Depois de elencarmos todos os nossos processos, atividades, produtos ou serviços, algumas perguntas devem ser respondidas, tais como:

» Na portaria ou recepção de materiais, por exemplo: O que pode acontecer na chegada de caminhões com matérias-primas? Há vazamentos dos produtos transportados? Existem sistemas de coleta do material derramado? Este material segue diretamente para os coletores de águas pluviais? O piso é impermeável? Os veículos estão em bom estado de conservação? Há vazamentos de óleos e/ou combustíveis? A emissão de poluentes apresenta condições que podem gerar acidentes? A equipe está preparada para o transporte daquele tipo de carga?

» E na área de armazenamento de resíduos, ela atende às necessidades atuais de acondicionamento dos itens que estão ali armazenados? Existe um sistema de coleta em caso de vazamento dos resíduos líquidos? O local é fechado? Seu acesso é restrito? O piso e as paredes apresentam rachaduras? O teto está em bom estado de conservação? Existe um dique de contenção para o caso de ocorrência de vazamentos? Este dique é inspecionado periodicamente? Existe um procedimento de limpeza do dique? Quem é o responsável por esta tarefa? Esta pessoa está devidamente treinada?

» Quando passamos para a área de produção, independentemente do tipo de produto que fabricamos existe um sistema de separação dos resíduos gerados? Esses resíduos são armazenados e destinados corretamente? O nosso produto é um produto que requer cuidados especiais no seu armazenamento, manuseio e transporte? Na sua fabricação são utilizados produtos perigosos? Temos controle sobre o que estamos produzindo?

Essas e outras perguntas nos auxiliam no levantamento dos aspectos de cada área, processo, atividade, produtos ou serviços que executamos e é importante que todas as áreas passem por esta avaliação, incluindo áreas administrativas, restaurante ou refeitório, ambulatório, estação de tratamento de efluentes, almoxarifado, estoque de produtos inflamáveis, tecnologia da informação, desenvolvimento de produtos, enfim, todas as áreas da empresa.

Depois de elencados, para cada atividade, processo, produto ou serviço que executamos, os aspectos ambientais gerados, passamos a identificar os impactos ambientais que eles podem causar no meio ambiente.

Vamos recordar, a definição de impacto ambiental, de acordo com a norma **NBR ISO 14.001**, é a seguinte: "Impacto Ambiental é qualquer modificação do meio ambiente, adversa ou benéfica, que resulte, no todo ou em parte, dos aspectos ambientais da organização".

Portanto, devemos para cada aspecto ambiental elencado, identificar quais os impactos que pode provocar no meio ambiente, como exemplos vamos citar os seguintes: alterações na qualidade do ar, da água ou do solo; assoreamento de rios e lagos; contaminação de lençóis freáticos ou subterrâneos; redução de recursos naturais escassos ou não; danos à fauna e a flora; incômodos ao homem, tais como: ruído, vibração, odor, etc.

Uma ferramenta simples que nos auxilia nesta etapa, pode ser uma tabela onde para cada atividade (processo, produto ou serviço), relacionamos os aspectos que são gerados e os impactos que podem causar, como no exemplo abaixo:

Atividade (Produto, Serviço / Processo)	Aspecto Ambiental	Impacto Ambiental	Significância (Alta, Média ou Baixa)	Procedimento	Plano de Emergência
Lavagem de veículos.	Consumo de água.	Redução de recursos naturais hídricos.			
	Geração de efluente contaminado.	Degradação da qualidade das águas.			
		Contaminação de lençóis freáticos.			
		Degradação da qualidade do solo.			
	Vazamento de combustíveis e lubrificantes.	Degradação da qualidade do solo.			
		Degradação da qualidade das águas.			
		Contaminação de lençóis freáticos.			

A apresentação deste exemplo simples de levantamento de aspecto e impacto ambiental é proposital para nos mostrar que uma mesma atividade, no caso a lavagem de veículos, pode ter vários aspectos diferentes e cada aspecto pode gerar um ou mais impactos, os quais podem se repetir para diferentes aspectos.

Notem que este é o ponto de partida para a elaboração de outras atividades relacionadas ao levantamento de aspectos e impactos ambientais, daqui vamos determinar quais serão os objetivos e metas que teremos que alcançar, quais os planos de emergência que teremos que criar para não sermos surpreendidos em casos de acidentes ambientais, quais procedimentos teremos que implementar no nosso sistema para garantir que os aspectos sejam controlados e seus impactos mitigados. Para iniciar este trabalho é necessário realizar algumas análises e relacionar os impactos com a sua significância ou importância.

Para isso, devemos considerar alguns fatores. Comecemos analisando qual a escala do impacto em questão, existem diferenças entre o derramamento de um caminhão tanque cheio de combustível e o de um tanque de combustível de um veículo de passageiros em um córrego. Outro ponto a ser analisado é a severidade, imaginemos que o derramamento seja de um caminhão tanque cheio de água potável. E se nossa frota não tem a correta manutenção ou o trecho por onde trafegamos é de alto risco de acidentes. Devemos levar em conta a probabilidade da ocorrência do sinistro. Devemos avaliar ainda a duração do impacto sobre o meio ambiente.

Outra análise importante que deve ser feita é a da aplicação da legislação sobre o nosso negócio, ou seja, durante o processo produtivo existe o lançamento de algum tipo de efluente direta ou indiretamente em corpos d'água, ou de gases para a atmosfera, esses lançamentos devem, no mínimo, estar enquadrados dentro dos parâmetros legais exigidos, temos que ter controle sobre eles, ou ainda, quando geramos algum tipo de resíduos para o qual existe uma legislação específica, devemos estar preparados para atendê-la. Caso a política de nossa empresa permita que tomemos ações voluntárias, devemos nos certificar que estas ações estão sendo cumpridas e que estamos alcançando os nossos objetivos. Frequentemente são lançados programas pelos governos Federal, Estadual e Municipal, que beneficiam, através de incentivos fiscais, as empresas que adotam boas práticas na área ambiental. Devemos ficar atentos a estes programas para tornarmos nossa empresa mais eficiente e competitiva. Além disso, análises de passivos existentes e futuros devem ser feitas para evitarmos maiores problemas.

A **NBR ISO 14.001** também fala que a organização deve levar em conta as partes interessadas e aqui cabe uma análise de como as Organizações Não-Governamentais (ONG), nossos clientes, acionistas e investidores, os nossos empregados e o público em geral podem atuar, positiva ou negativamente, sobre nossos negócios, quais os danos que um impacto ambiental pode causar a imagem de nossa empresa e à comunidade em geral. Outro ponto a ser considerado são as tratativas que damos para as reclamações de nossos "vizinhos" com relação aos impactos ambientais que causamos. Devemos acompanhar a frequência dessas reclamações, nos certificarmos de que as ações que tomamos surtirão os efeitos esperados pela comunidade e que nossos impactos estão controlados.

Como toda empresa visa lucro, uma boa análise econômica e financeira deve ser feita para avaliarmos o nosso desempenho com gastos para controle de poluição, o acompanhamento e desenvolvimento de políticas para conservação de recursos naturais e a valorização de resíduos, através da correta separação e destinação adequada, dando prioridade para a reciclagem, reaproveitamento e redução na geração e no grau de periculosidade de nossos resíduos, nos ajudam a garantir um melhor desempenho.

Existem várias formas de definição da significância dos aspectos e impactos, o mais importante é que, de acordo com a capacidade de cada organização, sejam considerados os fatores acima. A definição do grau de severidade, probabilidade, atendimento à legislação e as necessidades das partes interessadas, normalmente, são classificados em números de 1 a 3, de acordo com o seu risco, menor ou maior, a soma destes fatores serve como parâmetro para definição de quais aspectos e impactos são mais significativos e através desta classificação priorizamos o nosso trabalho.

Anotações

Anotações

# CAPÍTULO 6

REQUISITOS LEGAIS E OUTROS

60 • Sistema de Gestão Ambiental

Requisitos Legais e Outros

CAPÍTULO 6

A **NBR ISO 14.001** traz em seu requisito **4.3.2 – Requisitos legais e outros**, os seguintes dizeres:

> A organização deve estabelecer, implementar e manter procedimento(s) para:
> a) Identificar e ter acesso a requisitos legais aplicáveis e a outros requisitos subscritos pela organização, relacionados aos seus aspectos ambientais.
> b) Determinar como esses requisitos se aplicam aos seus aspectos ambientais.
> A organização deve assegurar que esses requisitos legais aplicáveis e outros requisitos subscritos pela organização sejam levados em consideração no estabelecimento, implementação e manutenção de seu sistema de gestão ambiental.

Uma análise sistêmica da norma mostra que este requisito é tão importante que logo no início de seu texto, referente aos requisitos do sistema de gestão ambiental, dentro da política ambiental, no seu item "**c**" está escrito que deve estar incluído na política "um comprometimento em atender aos requisitos legais aplicáveis e outros requisitos subscritos pela organização que se relacionem a seus aspectos ambientais".

Só por dever estar explícito na política de qualquer empresa que tenha interesse em implementar e manter um Sistema de Gestão Ambiental, que esta organização se compromete em atender aos requisitos legais aplicáveis ao seu negócio e outros requisitos que possam ser especificados por ela, já demonstra a importância deste tema dentro da área ambiental. Quando deixamos claro em nossa Política que assumimos o compromisso de cumprir as leis aplicáveis ao nosso negócio e outras exigências, de clientes, fornecedores, entidades de classes, câmaras de comércio e outros que possam surgir, que são, o que chamamos dentro da certificação de um Sistema de Gestão Ambiental, de "Partes Interessadas", mostramos a seriedade com que trataremos o tema dentro de nossa empresa.

Verificando outro ponto, dentro da norma, vemos que no requisito **4.3.3 – Objetivos, metas e programas**, quando da definição desses, eles devem ser coerentes com a política e comprometidos com o atendimento aos requisitos legais e outros subscritos pela organização.

Desta vez vemos a importância de se criar objetivos e metas, quer sejam eles para a redução de poluição, geração de resíduos, ou para manutenção dos parâmetros de lançamento de efluentes ou gases, ou ainda, para o cumprimento de regulamentos internos, estes objetivos e metas devem levar em consideração as leis, regulamentos, decretos, normas internacionais, entre outros, para os quais a organização está sujeita.

Existe ainda, dentro do requisito **4.4.6 – Controle operacional**, em seu item **c** a necessidade de se comunicar os procedimentos e requisitos pertinentes a fornecedores, incluindo os prestadores de serviço.

A aplicação da legislação cabível ao nosso empreendimento não se restringe apenas ao espaço físico que a empresa ocupa ou aos seus funcionários, devemos deixar claro também para os fornecedores quais são as exigências legais que temos que cumprir e dentro delas, quais são aplicáveis a eles, além disso, as exigências feitas por fornecedores, ou empresas que possamos representar, tais como: licenciadores, contratantes, etc, também devem ser consideradas e devemos criar condições para assegurar que sejam atendidas e cumpridas. Os prestadores de serviço também estão sujeitos a essas leis e exigências, lembrando que os representantes de vendas, empresas de segurança patrimonial, subcontratados, restaurantes, transportadoras são exemplos de prestadores de serviço que devem ser considerados quando abordamos este tema.

Dentro do **requisito Verificação**, existe um requisito específico para a avaliação do atendimento a requisitos legais e outros, que versa sobre como a organização deve se comportar para garantir que o atendimento a legislação está sendo feito corretamente. Este é outro indicador da importância deste tema e como ele é relevante para o sistema.

Dentro da área ambiental, o não atendimento a alguma exigência legal, pode ser considerado um crime ambiental. Quando trabalhamos com sistemas de gestão da qualidade, o não atendimento a prazos de entrega, a geração de um produto defeituoso, ou as falhas durante o processo produtivo acarretam *perdas,* que dependendo do seu tamanho e do impacto que geram em nossos clientes, podem culminar em pequenos custos, que são diluídos no processo, o que torna a empresa menos competitiva, ou grandes manchas na imagem da empresa, podendo impactar no faturamento, mas de uma forma geral estamos lidando com custos. Já na área ambiental, o não atendimento sistemático de uma exigência legal pode ser considerado um crime ambiental, cuja pena é a prisão dos responsáveis pela organização.

É por este motivo que o item "**g**" do requisito **4.6 – Análise pela administração**, diz que uma das entradas que devem ser avaliadas são as mudanças, incluindo as alterações em requisitos legais e outros. A norma pretende, dessa forma, garantir que os problemas da área ambiental são de conhecimento da alta administração da organização e que ela está comprometida com a resolução destes problemas, evitando assim que haja omissão por parte deles.

Como vemos, a importância deste tema é tão grande que ele aparece, em praticamente, todas as partes da norma. É um item que deve fazer parte da política ambiental da organização, dos objetivos e metas, está relacionado aos controles operacionais e a análise pela alta administração, além de ter dois itens específicos só para tratar deste assunto, sendo um dentro do planejamento e outro dentro da verificação do sistema de gestão ambiental.

Como podemos garantir que estamos cumprindo toda a legislação aplicável ao nosso negócio e outros requisitos?

As grandes organizações compram serviços de empresas especializadas na consulta e manutenção da atualização da legislação aplicável aos seus negócios. Essas empresas, através de ferramentas de busca, procuram as alterações na legislação, acompanham as tramitações na câmara e no senado, comentam essas alterações e enviam para seus clientes para que eles possam comparar com a situação atual de seus negócios e se prepararem para o futuro.

Só que este serviço tem um preço que nem sempre é acessível para os pequenos e médios empresários e, na maioria das vezes, os documentos legais de uma empresa se limitam a licença de operação e ao alvará da prefeitura e do corpo de bombeiros.

A falta de conhecimento por parte do empresário, na área ambiental, limita-o a apenas possuir a licença de operação emitida pelo órgão ambiental do estado onde sua empresa está instalada, esquecendo-se do fato que junto com sua licença existem as condicionantes para que sua empresa possa operar, quantas vezes vemos casos em que a empresa estava produzindo quantidades superiores àquelas para as quais havia recebido autorização, sem se preocupar em alterar esta informação.

Se este único item já mostra a vulnerabilidade das empresas, fica claro que é muito difícil garantir que outros requisitos legais serão atendidos.

Devemos manter a calma e usar nosso sistema, baseado na melhoria contínua, que pode nos ajudar a, cada vez mais, conhecer a legislação aplicável ao nosso negócio, não só na área trabalhista, financeira ou fiscal, mas também na área ambiental.

Consultas periódicas ao diário oficial (da União, do Estado e do Município), sindicatos, entidades de classe e a contratação de uma boa consultoria na área e pesquisas pela internet diminuem os riscos do não cumprimento deste requisito.

Outro cuidado que devemos tomar é com o tamanho de nosso empreendimento. Avaliar a região que pretendemos atuar, quais as leis que se aplicam naquele local, quais os documentos e registros legais cabíveis.

A pró-atividade é muito bem vista pelos órgãos ambientais, de uma forma geral, quando mostramos que temos interesse em conhecer e resolver os problemas relacionados à nossa empresa, mostramos um planejamento de ações realizável e antecipamos as negociações com estas entidades governamentais, dificilmente recebemos um tratamento negativo, porém quando deixamos de atuar corretamente, escondemos algum acidente ou negligenciamos alguma ação, corremos sério risco.

Um ponto de partida para qualquer empresa no Brasil são as leis federais, começando pela constituição, as resoluções CONAMA, passando pelos órgãos IBAMA, Agência Nacional de Águas, Agência Nacional de Petróleo, Normas da ABNT, que servem como base para pesquisa e verificação da legislação aplicável ao seu empreendimento.

Existem bons sites gratuitos que permitem pesquisar a legislação e podem ajudar a manter nossa empresa atualizada, através de buscas simples como podemos ver no exemplo a seguir:

www4.planalto.gov.br/legislação

www4.planalto.gov.br/legislação

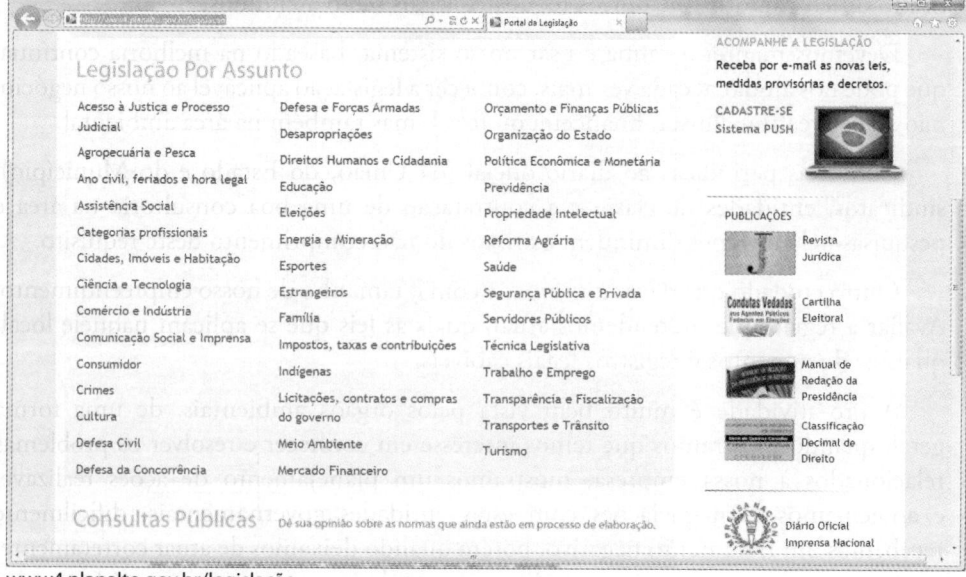

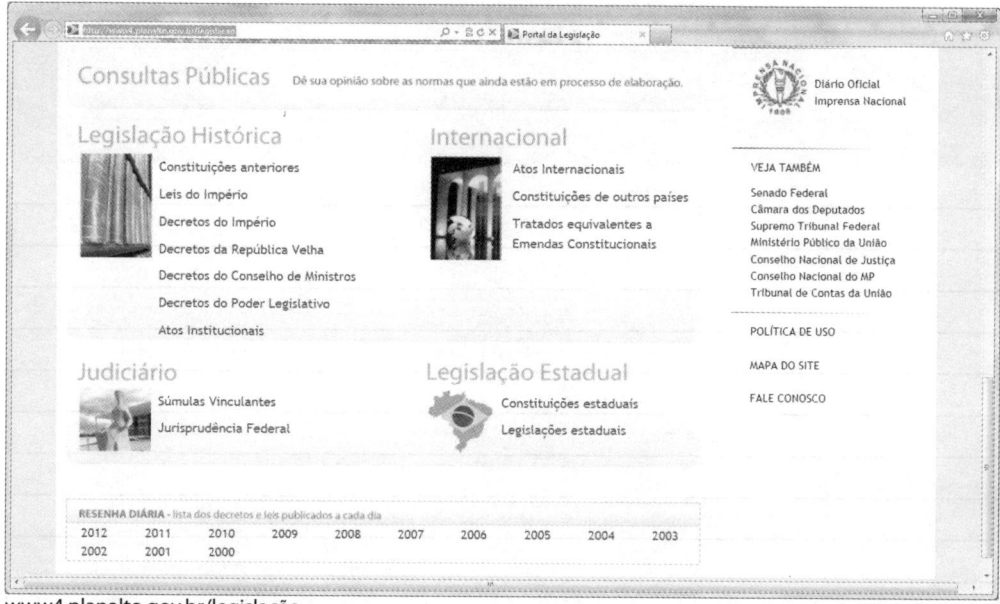

www4.planalto.gov.br/legislação

Neste site temos as alternativas para pesquisa por assunto específico e dentro de cada assunto podemos direcionar nossa busca para filtrar as informações que buscamos.

Podemos também optar por uma busca direcionada, que nos auxilia quando já conhecemos os temas que procuramos e podemos optar pela pesquisa por palavras-chave, ou por código específico da legislação que buscamos.

Existe ainda a opção de pesquisa por resenha, separada por ano. Um link direto com o diário oficial da união, além de ser possível cadastrar para receber um resumo por e-mail das principais alterações ocorridas.

Vemos, então, que não é tão difícil quanto parece mantermos um controle de consulta às principais alterações ocorridas.

Uma metodologia parecida pode ser adotada com as partes interessadas envolvidas no negócio. Da mesma forma que podemos criar um sistema de pesquisa e recebimento de informações, que são enviadas diretamente pelo governo federal, também podemos criar um sistema para trocarmos informações relevantes sobre as atualizações legais aplicáveis ao empreendimento, com os clientes, fornecedores, prestadores de serviço, enfim, com todos os envolvidos com a organização.

De qualquer forma, de acordo com a **NBR ISO 14.001**, os procedimentos para identificar e ter acesso aos requisitos legais devem ser implementados e mantidos pelas organizações, deve também assegurar que esses requisitos nutrem o seu sistema de gestão ambiental. Cabe a empresa criar formas de garantir, dentro de sua capacidade, o atendimento ao requisito da norma.

Anotações

CAPÍTULO 7

Objetivos, Metas e Programas

Objetivos, Metas e Programas

Estamos terminando a fase de planejamento, dentro do que prevê a norma **ISO 14.001**, e o último requisito nesta fase é aquele que dita as regras para o estabelecimento dos objetivos e metas a serem elaborados e alcançados pela organização e também como devem ser implementados os programas que nos auxiliarão a atingi-los.

Em seu requisito **4.3.3 – Objetivos, metas e programas**, a norma cita que: "A organização deve estabelecer, implementar e manter objetivos e metas ambientais documentados, nas funções e níveis relevantes na organização". Fica fácil identificarmos, através da palavra "deve", que é obrigatório, para qualquer empresa que queira implementar um sistema de gestão ambiental, a criação e manutenção de meios mensuráveis, através dos quais, seja possível acompanhar o desempenho das suas atividades, relevantes à área ambiental, e estes meios mensuráveis devem ser documentados de forma a garantir o seu acompanhamento, a sua verificação e a geração de ações corretivas e preventivas, caso as metas não estejam sendo atingidas. Vemos também que a norma não cita para quais funções ou atividades estas metas devem ser estabelecidas, mas deixa claro que todas aquelas que são relevantes devem ter suas metas estabelecidas e claramente divulgadas entre os seus colaboradores.

Em outro parágrafo, deste mesmo requisito, é descrito o seguinte texto:

> Os objetivos e metas devem ser mensuráveis, quando exequível, e coerentes com a Política Ambiental, incluindo-se os comprometimentos com a prevenção da poluição, com o atendimento aos requisitos legais e outros requisitos subscritos pela organização e com a melhoria contínua.

Quando estamos definindo os objetivos que a nossa organização quer alcançar, obrigatoriamente, devemos traçar metas para acompanharmos o desempenho desses objetivos, e isso é feito através de valores numéricos que nos permitem a sua correta mensuração e nos auxiliam na tomada de decisões para correção dos desvios que venham ocorrer.

Já identificamos também que, por se tratar de um sistema e em todo sistema há a interação entre os seus componentes, os objetivos e metas devem estar alinhados com a política ambiental da organização, este é um dos principais motivos pelo qual, ao elaborar a política da empresa deve-se conhecer muito bem quais são as dificuldades, o ponto franco, para com a ajuda de uma política bem elaborada, melhorar o desempenho.

Os objetivos e metas também devem estar relacionados com a prevenção da poluição, que dentro da área ambiental, é o foco principal, ou seja, quando a empresa opta por certificar pela **ISO 14.001**, ou apenas usá-la como base para a elaboração do sistema de gestão ambiental, o objetivo maior é evitar que as atividades gerem grandes impactos ao meio ambiente. Também deve haver a interação com os requisitos legais descritos pela empresa, que é uma forma de garantir que, quando enquadrar nossa organização na legislação aplicável a ela, os riscos de causar danos ambientais são menores e temos condições de implementar controles que permitam um controle melhor e mais acurado dos processos. Não esqueça do comprometimento com a melhoria contínua. Por isso da necessidade de medir de maneira adequada e coerente as metas estipuladas, uma vez que, é através do acompanhamento periódico e da análise crítica das informações apresentadas, que podemos priorizar as ações em busca da correção de falhas que possam ocorrer no sistema e também, agindo de forma preventiva, identificando os pontos onde possa ocorrer possíveis riscos de danos ao meio ambiente, implementando melhorias e evitando falhas. Esta é uma das maneiras de garantir a busca da melhoria do sistema.

Continuando a leitura sobre este requisito da norma **ISO 14.001**, encontramos ainda o texto a seguir:

> Ao estabelecer e analisar seus objetivos e metas, uma organização deve considerar os requisitos legais e outros requisitos por ela subscritos e seus aspectos ambientais significativos. Deve também considerar suas opções tecnológicas, seus requisitos financeiros, operacionais, comerciais e a visão das partes interessadas.

Mais uma vez a norma mostra a importância do alinhamento, ao traçarmos os objetivos e metas das organizações, com os requisitos legais ou outros requisitos por elas estabelecidos e os seus aspectos ambientais significativos, porém, permite que caminhemos de acordo com as nossas capacidades, mostrando claramente que as organizações devem levar em consideração a tecnologia disponível no mercado, desde que isso não agrida a sua integridade financeira, este é um ponto importante a ser realçado. A norma não obriga nenhuma organização a utilizar a tecnologia mais avançada ou aquela que tenha a maior eficiência, mas sim a que for adequada para o seu porte. É neste ponto também que vemos o envolvimento das partes interessadas no desenvolvimento de nossos objetivos e metas, ou seja, as relações comerciais, as relações com os vizinhos, com os órgãos ambientais com os quais a empresa está relacionada e com os colaboradores e empregados. É importante ressaltar que os colaboradores são essenciais na definição e influenciam diretamente nos resultados obtidos.

E, para finalizar o texto contido no item **4.3.3 – Objetivos, metas e programas**, da **NBR ISO 14.001**:

> A organização deve estabelecer, implementar e manter programa(s) para atingir seus objetivos e metas. Os(s) programa(s) deve(m) incluir:
> a) Atribuição de responsabilidade para atingir os objetivos e metas em cada função e nível pertinente da organização;
> b) Os meios e o prazo no qual estes devem ser atingidos.

Não basta, é claro, criar objetivos, determinar as metas para cada objetivo e fazer a análise de seu desempenho. Devemos definir como estas metas serão atingidas, quais ferramentas serão usadas, quais as pessoas envolvidas nos processos, terão a responsabilidade de, em cada fase do processo, garantir que os indicadores estão controlados, que as metas serão atingidas e os objetivos alcançados.

Quando falamos sobre distribuição de responsabilidades precisamos ter em mente que, para cada fase dos processos, para cada atividade executada ou exercida, para cada tarefa realizada, existem pessoas que as controlam, exercem alguma ação sobre elas, essas pessoas devem ser treinadas, preparadas para evitar que os aspectos ambientais das atividades que estão realizando, possam gerar impactos ambientais maiores do que os previstos nos levantamentos. Essa regra se aplica desde a alta administração, até os serviços terceirizados.

Mais uma vez vamos usar a figura do Ciclo PDCA para exemplificar a importância da definição de objetivos e metas bem elaborados.

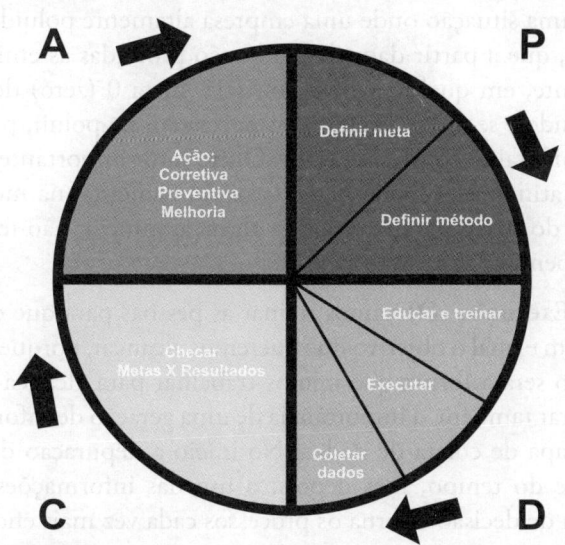

[Figura do Ciclo PDCA: A - Ação: Corretiva, Preventiva, Melhoria; P - Definir meta, Definir método; D - Educar e treinar, Executar, Coletar dados; C - Checar Metas X Resultados]

Um resumo rápido deste ciclo, adaptado para o acompanhamento de metas, mostra como alguns pontos são tão relevantes no processo de avaliação de resultados.

Dentro da área destinada ao **Planejamento (P)**, vamos definir nossas metas, com base nos objetivos que queremos alcançar. Cada objetivo pode ter uma ou mais metas, que nos auxiliam a identificar o GAP, que é o espaço, ou a distância, que existe entre a atual situação que nos encontramos, e o ponto ideal onde queremos chegar.

Na definição de uma meta não podemos gerar algo desmotivador, inalcançável, inatingível, e nesse ponto algumas considerações devem ser feitas. Toda meta deve ter alguns componentes, como a situação atual, onde queremos chegar e em quanto tempo. A situação atual deve retratar a realidade da empresa, ou da atividade que estamos monitorando, existem casos em que as organizações mascaram essas informações para evitarem maiores problemas com a alta administração, isso só serve para medir o seu grau de imaturidade.

Onde queremos chegar é um dos pontos principais na definição de uma meta motivadora. Imaginem um concurso de salto em altura onde não exista o sarrafo, ou seja, qualquer um que pule, não interessando a altura que atinja, recebe um prêmio, não há desafio nenhum neste caso. Agora, imaginem o mesmo concurso, só que desta vez existe um sarrafo e só será reconhecido aquele que saltar sobre uma altura mínima de 5 metros, sem nenhum equipamento adicional, o desafio é tão grande que ninguém, atualmente, conseguirá superá-lo. O importante nestes dois casos é identificar que não há motivação para os envolvidos no processo. Na empresa o mesmo acontece, se ao estipular uma meta, não for levado em consideração se é possível atingi-la facilmente, ou se ela é inalcançável, a equipe não terá condições motivacionais de trabalho.

Imaginem uma situação onde uma empresa altamente poluidora, determina, do dia para a noite, que a partir daquela data estão proibidas as emissões de poluentes no meio ambiente, em qualquer nível, ou seja, meta 0 (zero) de poluição. Seria o melhor dos mundos, se todas as empresas deixassem de poluir, porém, um mínimo de impacto ambiental as empresas geram. Outro fator importante ao estipular metas é o tempo para atingir esta meta, que é fator fundamental na motivação do grupo, sem a definição do prazo para trabalhar e alcançar a meta, não tem-se condições de avaliar o desempenho.

Na fase de **Execução (D)** vamos treinar as pessoas para que entendam o que se espera de cada um e qual o objetivo que queremos alcançar, porque estamos definindo as metas e como será a forma que iremos trabalhar para alcançá-las. Feito isso será necessário mostrar também, a importância de uma geração de informações confiáveis, para passar à etapa de coleta de dados. No início a depuração das informações vai tomar boa parte do tempo, mas depois, o uso das informações de forma correta agiliza a tomada de decisão e torna os processos cada vez mais eficientes.

Mas para que isso aconteça é necessário que, durante a fase de **Verificação (C)**, sejam avaliados os números apontados para cada indicador (meta), o GAP de cada um deles e quando as metas não forem atingidas, devemos realizar ações corretivas, que são aquelas que vão nos colocar de volta nos trilhos, ou então, vamos tomar ações preventivas, que evitarão maiores problemas, mas estaremos sempre atuando de forma a incentivar a melhoria contínua dos processos.

Agora como alinhavar a política, os aspectos e impactos significativos, o atendimento a legislação, o envolvimento das partes interessadas, na definição de objetivos, metas e programas?

Veremos agora um exemplo simples, primeiro, para entender melhor este capítulo e depois veremos como se aplica a realidade das empresas.

Todo fim de ano fazemos as famosas promessas para o ano que se inicia, invariavelmente em cada grupo de pessoas sempre existe aquela que deseja emagrecer, pois muito bem, o nosso objetivo será emagrecer. Para atingirmos este objetivo, vamos definir uma meta de emagrecimento de 1% ao mês, durante 12 meses, ou seja, a cada mês queremos estar 1% mais leves, quando comparados ao mês anterior. Para conseguirmos chegar neste peso, vamos seguir o seguinte programa: reduzir a ingestão de calorias e praticar exercícios todos os dias. Criamos uma tabela de acompanhamento de peso semanal e montamos a nossa lista de verificação de cumprimento do plano, no final de cada semana, comparamos o nosso peso com o desejado para aquele período e quando não atingimos o objetivo almejado, tomamos ações corretivas para evitar uma surpresa maior no final do mês.

Agora, vamos para um exemplo prático que pode ser aplicado nas empresas.

A maioria dos estados usa o sistema de licenciamento para liberação da operação das empresas. Estas licenças são baseadas nas resoluções do CONAMA e na legislação ambiental estadual. Normalmente, um dos itens ou condicionantes para a liberação de uma licença de operação é a geração de ruído, mais especificamente, fora dos limites físicos da empresa. Muito bem, levando-se em conta as considerações anteriores, uma empresa que adota a **NBR ISO 14.001**, como a norma para implantação de seu sistema de gestão ambiental, dentro de sua política ambiental deve considerar a redução da poluição, a melhoria contínua e o atendimento à legislação aplicável, entre outras coisas. A geração de ruído acima do permitido pela lei, é uma forma de poluição e, neste caso, também é o descumprimento de uma obrigação legal.

Um dos objetivos dessa empresa deveria ser o controle da geração de ruído próximo aos limites físicos com as partes interessadas, que vivem ao redor do empreendimento. Para atendimento deste objetivo uma das metas é a manutenção do ruído gerado, abaixo do especificado na legislação e como exemplo vamos usar o limite de 70 dB no período noturno, compreendendo o período entre às 18h00′ e 06h00′. Um exemplo de programa a ser adotado pode ser o seguinte:

» Monitoramento diário, no período entre às 18h00′ e 06h00, nos limites da empresa do ruído gerado. Responsável: Técnico de Segurança.
» Levantamento interno para a identificação dos principais geradores de ruído. Contratação de empresa especializada. Responsáveis: Suprimentos e Área de Segurança.

» Adoção de sistema de abafamento de som para os equipamentos de maior geração de ruído. Responsável: Manutenção.
» Negociação, junto aos fornecedores de equipamentos, para que estes já saiam de fábrica com a sua geração de ruído controlada.
» Apresentação de relatório periódico sobre a atual situação do sistema de combate ao ruído excessivo para a diretoria.

Uma forma de acompanhamento da geração de ruído pode ser o modelo de gráfico a seguir:

MEDIÇÃO DE RUÍDO NA ÁREA EXTERNA - Ponto 1

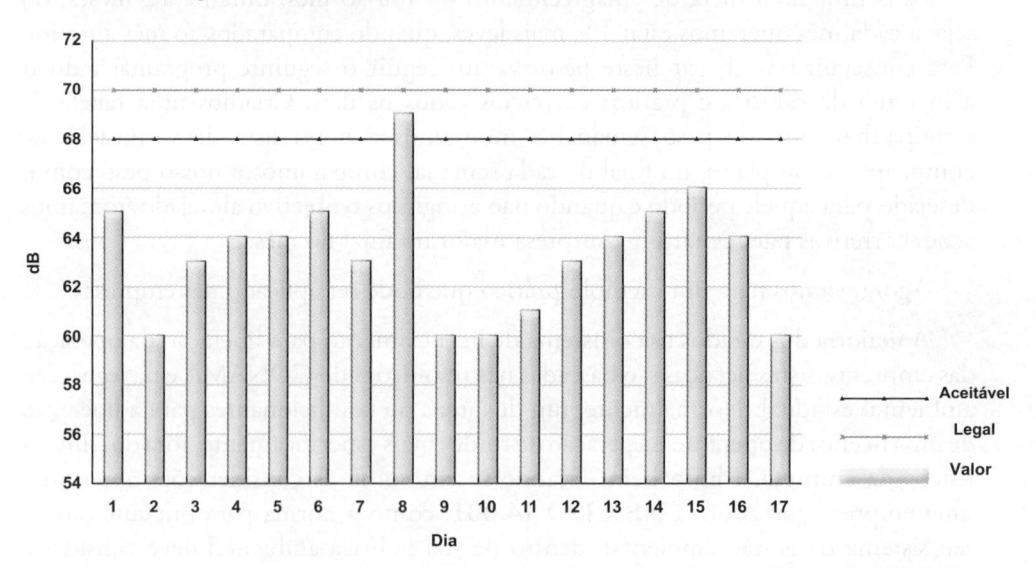

Atenção: Para medição de ruídos o aparelho utilizado deve ser calibrado e ter certificado.

Note que este gráfico de acompanhamento foi gerado com dois parâmetros de comparação, no eixo Y (dB), vemos o limite máximo (Legal), que é o limite de 70 dB constante da licença de operação liberada pelo órgão ambiental.

Outro parâmetro é o limite máximo de aceitação (Aceitável), que serve como um sinal de alerta para o caso de chegar perto do limite máximo imposto pela legislação, assim, toda vez que o limite aceitável é ultrapassado, ações devem ser tomadas para corrigir a falha, que ainda não é uma não-conformidade, para os demais dias, listados no eixo "X" do nosso gráfico, as medições ficaram abaixo do aceitável, o que é muito bom para a empresa.

Este é apenas um exemplo de como se pode montar os objetivos, metas e programas para atendimento ao requisito da **NBR ISO 14.001**, outros podem ser adotados, como planilhas para listar os objetivos, metas e programas, ou procedimentos, ou ainda outra forma que a organização adotar como padrão, desde que atenda as exigências da **14.001**.

Podemos ainda acompanhar o desempenho de nosso sistema ambiental, através do monitoramento de indicadores, tais como os Indicadores de Desempenho Operacional (IDO), os Indicadores de Desempenho de Gestão (IDG), ou ainda os Indicadores de Condição Ambiental (ICA).

Os Indicadores de Desempenho Operacional (IDO) nos ajudam a monitorar o desempenho de nossas atividades produtivas e os impactos ambientais que essas atividades podem proporcionar, como, por exemplo, podemos citar o consumo de água, de energia elétrica ou de matéria-prima. Os itens considerados para o cálculo deste indicador são as entradas do processo produtivo, a matéria-prima utilizada, os recursos naturais (excassos ou não), os materiais gerados pelo processo, além dos produtos acabados, os resíduos que podem ser reciclados, reutilizados, reprocessados e aqueles que devem ser descartados de maneira adequada ou, então, incinerados.

Devemos considerar também, os insumos utilizados em nosso processo produtivo, a quantidade de água que é gasta para a execução de uma determinada atividade, qual a participação da água de chuvas em nosso consumo total de água, quanta energia é consumido para o aquecimento das caldeiras, ou ainda, se existe um programa para a utilização de energia renovável (eólica ou solar), além disso, dentro dos projetos para futuras instalações, os itens anteriores são levados em consideração, as instalações são adequadas para um melhor aproveitamento da luz do Sol e de um sistema natural de ventilação, reduzindo assim o consumo de energia elétrica, qual o nível de redução dos insumos consumidos durante as manutenções e qual o nível de aproveitamento da matéria-prima durante a produção, sem falar na redução de resíduos gerados. Finalmente vamos analisar as saídas do processo, quanto é gerado de resíduos sólidos e não sólidos, perigosos e não perigosos, qual a redução de emissão de gases poluentes atingida nos últimos anos pela empresa, existe controle sobre a emissão de ruídos, o produto acabado é descartado corretamente após seu uso, existe um programa de logística reversa implementado, são perguntas que devem ser respondidas e itens que devemos monitorar e que nos auxiliam na correção do sistema.

Já os indicadores de desempenho de gestão fornecem informações sobre a manutenção dos índices de produção, com uma menor geração de impactos ambientais. Estes resultados são alcançados quando, através de uma ação estruturada, cria-se condições para que haja um melhor aproveitamento de matéria-prima e insumos, reduzindo o seu consumo. Dentro deste tipo de monitoramento, um dos principais itens a serem considerados são os requisitos legais aplicáveis ao negócio, que, como dissemos anteriormente, não devem ser ultrapassados em hipótese alguma. São considerados ainda o uso eficiente dos recursos naturais, sempre buscando a máxima utilização, com a mínima quantidade, o aprimoramento do nível de conhecimento das equipes, através de treinamentos e a implementação, manutenção e aprimoramento constante de programas ambientais que garantam bons resultados.

No caso dos indicadores de condição ambiental (ICA), são monitoradas as condições do local onde a empresa está instalada, nesse caso devemos avaliar as condições da água, solo, ar, não só da área onde atuamos, mas também dos locais para onde os resíduos são destinados. Aqui a ideia é evitar que grandes problemas possam ocorrer, provocados pela atividade produtiva da empresa.

Desses indicadores surgem números relacionados à:

» Litros de água / Tonelada produzida.
» Kwh / Tonelada produzida.
» Quilos de resíduos / Tonelada produzida.

CAPÍTULO

8

IMPLEMENTAÇÃO E OPERAÇÃO

A Primeira Fase da Implementação e Operação
•
A Segunda Fase da Implementação e Operação
•
A Terceira Fase da Implementação e Operação

78 • Sistema de Gestão Ambiental

IMPLEMENTAÇÃO E OPERAÇÃO

8.1. A PRIMERIA FASE DA IMPLEMENTAÇÃO E OPERAÇÃO

Terminada a fase de planejamento, iniciamos o item **4.4** da **NBR ISO 14.001**, **Implementação e Operação**, para facilitar o acompanhamento dessa fase, este capítulo será dividido em três partes.

Na primeira parte veremos o que é necessário para a implementação dos requisitos **4.4.1 – Recursos, funções, responsabilidades e autoridades**; **4.4.2 – Competência, treinamento e conscientização** e **4.4.3 – Comunicação**.

Os requisitos abordados na segunda parte deste capítulo serão **4.4.4 – Documentação, 4.4.5 – Controle de documentos** e **4.4.6 – Controle operacional**. E encerraremos este capítulo falando sobre o requisito **4.4.7 – Preparação e resposta à emergências**.

Não devemos esquecer que estamos falando de um sistema e isso significa que, mesmo que a norma seja escrita de forma sequencial, os requisitos por ela exigidos não precisam seguir a mesma sequência de implementação, ou seja, o requisito **4.4.1 – Recursos, funções, responsabilidades e autoridades**, pode ser um dos primeiros a ser implementado, assim como o item **4.4.7 – Preparação e resposta à emergências**, talvez, devido a característica de cada organização, pode ser um ponto fraco naquele sistema, que mereça atenção imediata, ou ainda, para que este requisito seja implementado, é necessário que o requisito **4.4.2 – Competência, treinamento e conscientização** seja implementado em primeiro lugar, para uma boa preparação da equipe, antes que ela assuma suas responsabilidades.

Esta é uma característica individual de cada organização e tem que ser levada em consideração, junto com a alta direção, para a correta identificação dos pontos onde devemos dedicar maior atenção e tempo para a sua implementação e quais os pontos prioritários para cada empresa, porém, como estamos analisando a **Norma ISO 14.001**, vamos seguir a sua sequência e começaremos a discorrer sobre o primeiro requisito do item **4.4 – Implementação e Operação**.

Ao lermos a norma veremos que ela descreve no item **4.4.1 – Recursos, funções, responsabilidades e autoridades**, o seguinte texto:

> A alta administração deve assegurar a disponibilidade de recursos essenciais para estabelecer, implementar, manter e melhorar o sistema da gestão ambiental. Esses recursos incluem recursos humanos e habilidades especializadas, infra-estrutura organizacional, tecnologia e recursos financeiros.
>
> Funções, responsabilidades e autoridades devem ser definidas, documentadas e comunicadas, visando facilitar uma gestão ambiental eficaz.
>
> A alta administração da organização deve indicar representante(s) específico(s) da administração, o(s) qual(is), independentemente de outras responsabilidades, deve(m) ter função, responsabilidade e autoridade definidas para:
>
> a) Assegurar que um Sistema de Gestão Ambiental seja estabelecido, implementado e mantido em conformidade com os requisitos dessa Norma.
>
> b) Relatar à alta administração sobre o desempenho do Sistema de Gestão Ambiental para análise, incluindo recomendações para melhoria.

Se fizermos uma varredura desse texto, veremos que a palavra "deve" aparece quatro vezes e, já comentamos anteriormente que, quando esta palavra aparece em alguma parte da norma, é imperativo que a organização que se disponha a implementar um sistema de gestão ambiental atenda ao que a norma manda.

A primeira necessidade da norma que deve ser atendida é a garantia de que o sistema será estabelecido, implementado, mantido e melhorado, portanto a organização deve suprir o sistema com os recursos necessários, quer sejam eles financeiros, humanos, tecnológicos, de infra-estrutura ou qualquer outro. Como vemos, a norma já estabelece uma condição básica para o desenvolvimento do sistema a ser implementado, ou seja, sem recursos não há sistema que possa se sustentar.

Vimos também que a necessidade de atualização dos recursos humanos e tecnológicos da organização é fundamental para o bom desempenho do sistema, mas, a norma **ISO 14.001**, assim como as demais, não exige que o melhor recurso seja disponibilizado, sabedora que é do fundamento pelo qual toda empresa é criada, ou seja, a geração de lucro, o atendimento a este e aos demais requisitos deve ser feito de acordo com as possibilidades financeiras da empresa interessada em utilizar as vantagens de um sistema de gestão.

Devemos considerar ainda que estamos falando e trabalhando com um sistema cuja base é a melhoria contínua, portanto, se dermos a devida atenção aos problemas encontrados no local de trabalho, se esses problemas forem sendo resolvidos, de acordo com suas prioridades, e as pendências monitoradas e programadas estamos atendendo ao que a norma nos pede.

A maior dificuldade que passamos, ao implementarmos um sistema de gestão ambiental em qualquer empresa é que toda verba destinada para essa área, na maioria das vezes, é vista como um custo sem benefício, construir um galpão, com piso impermeável, com lâmpadas a prova de explosão, a ventilação adequada e tudo mais o que for necessário para o armazenamento de resíduos, que estavam jogados no pátio da empresa, sem nenhum tipo de cuidado, é um investimento que nem sempre é visto com bons olhos por alguns empresários. Questões como: por que devemos fazer este "elefante branco" já que nunca fomos autuados? Por que gastar dinheiro construindo uma casinha se podemos deixar o nosso material ali no solo mesmo?; são algumas perguntas feitas por alguns empresários.

A visão de futuro, por parte de alguns empresários, e quando digo futuro, não é apenas o de conservação ambiental, faz parte desse futuro também a conservação de sua empresa, é muito curta, a consciência de que uma remediação de área tem um custo que, muitas vezes, pode acabar com o seu negócio, ou ainda esperar a autuação por um órgão público, para depois buscar a solução de um problema, pode manchar a imagem de sua empresa de tal forma, que talvez não haja recuperação.

Esses são apenas alguns exemplos de como, ainda hoje, existem empresários que pensam dessa forma.

Outro dever de toda empresa, com pensamento arrojado e visão de futuro, é o de definir as principais funções de seus processos. Para cada uma dessas funções há um nível de responsabilidade e autoridade que devem estar devidamente documentado e comunicado a todos os envolvidos no sistema.

Existem diversas formas de efetuar esse registro, mas, devido ao baixo custo e a facilidade oferecida pela informática, um dos mais comuns é a planilha eletrônica. Nela podemos, com facilidade, criarmos o que é chamado de matriz de responsabilidades, sendo uma ferramenta de fácil atualização, agiliza o trabalho de manutenção das informações e permite que não ocorram falhas neste ponto no sistema.

A seguir veremos alguns exemplos de matrizes de responsabilidades.

Exemplo 1:

Cargo / Função	Processo	Atividade
Representante da Diretoria	Avaliação do Sistema	Análise crítica junto à Diretoria
Diretoria	Avaliação do Sistema	Análise crítica

Exemplo 2:

Sistemática	Atividades		Diretor	Coord. Pedagógico	Coord. Técnico	Secretário	Agente Treinamento
Planejamento e gestão do sistema de qualidade e meio ambiente	Planejamento do SG						
	Implementação e monitoramento da política e dos objetivos da qualidade						
	Análise crítica do SG						
	Tratamento de não-conformidade						
	Implementação de ações corretivas e preventivas						
	Auditoria do SG						
	Controle de Documentos e Registros	Controle de documentos					
		Controle de registros					
		Segurança do ambiente de informática					
		Controle de protocolados e processos					
Gestão ambiental	Identificação de aspectos e impactos ambientais						
	Gestão de resíduos						
	Monitoramento do requisitos legais						
	Planejamento de ações de emergência (PAE)						
	Controle operacional						
	Calibração ou verificação de equipamento de monitoramento						
Processos	**Atividades**						
Relacionamento com o cliente	Informação ao cliente						

A utilização das ferramentas sugeridas não serve apenas para que a empresa atenda a um requisito da norma, mas, principalmente, para otimizar nossas rotinas e tornar as tomadas de decisão mais rápidas, além de reduzir a ocorrência de erros.

Quando se deixa claro quais as atribuições de cada integrante do processo, a execução das atividades é realizada com maior eficiência e torna a rotina de trabalho muito mais fácil de ser executada, aumentando também a percepção de responsabilidade de cada um.

Para finalizar este requisito, cabe a alta administração das organizações definir um responsável pela manutenção do sistema de gestão ambiental, surge, então, a figura do representante da alta administração, que terá, além de suas funções normais dentro da empresa, a responsabilidade e autoridade para garantir o estabelecimento das bases para a implementação do sistema, atuar para que este sistema seja mantido dentro dos parâmetros exigidos e atenda a todos os requisitos dessa norma, aos requisitos legais aplicáveis, aos requisitos externos cabíveis. É essa nova figura que surge dentro das organizações que coordenará todo o trabalho para atendimento das exigências da **ISO 14.001**, dentre elas: agendar as auditorias internas e externas, acompanhar as auditorias externas, analisar as não-conformidades encontradas, relatar e avaliar as não-conformidades junto com a alta administração, administrar o controle, manutenção e a atualização dos procedimentos, registros e documentos dos processos envolvidos no sistema, avaliar e recomendar as possíveis melhorias que possam ser implementadas no sistema, entre outras funções.

Normalmente esta figura está ligada ao gerente de produção, quando este engloba outras funções, como qualidade, segurança e ambiente, ou, então, ao engenheiro de segurança no trabalho, pode ser ainda o responsável pela área de recursos humanos, ou uma secretária, dependendo da estrutura da organização e de suas características, mas para que o sistema possa existir e evoluir, e imprescindível que este personagem exista e atue de forma pró-ativa.

Antes de iniciarmos o próximo requisito, vamos passar alguns conceitos para nos ajudar a compreender melhor os diferentes níveis que envolvem treinamento, competência e conscientização.

Antes de atingirmos os níveis de competência e conscientização, devemos obrigatoriamente passar pelo nível da educação.

Quando falamos de treinamento, estamos tratando da passagem de um ensinamento básico sobre um determinado tema específico e com um tempo limitado, como, por exemplo, um treinamento sobre a operação de uma empilhadeira, para uma pessoa já habilitada na categoria que permita o uso desse equipamento, este treinamento é de curta duração e não garante que após o seu término o profissional que passou por ele esteja totalmente preparado para a pilotagem de uma empilhadeira.

Há a necessidade de passarmos, após algum tempo de acompanhamento e verificação, que varia de pessoa para pessoa, para outro nível de desenvolvimento, este nível já envolve as mudanças comportamentais nas pessoas envolvidas, não ocorrem no mesmo prazo do treinamento, sendo necessário para o seu alcance um prazo médio.

Passamos então para a educação, um nível mais completo que o nível de desenvolvimento, já que além das mudanças comportamentais ocorrem também as mudanças de atitude, seria como se ocorresse o amadurecimento do profissional e para que essas mudanças ocorram, é necessário um tempo maior.

Quando atingimos o nível educacional adequado podemos passar para outros níveis mais complexos que são o da competência, que envolve o conhecimento explícito e tácito, a habilidade e a atitude, quando um profissional chega a este nível, desenvolve atividades que vão além das obrigações rotineiras necessárias para a execução de suas tarefas.

Somente então é que chegamos ao nível da conscientização, para que o profissional atinja este nível é preciso que esteja sensibilizado com as diretrizes da empresa, ele precisa ter comprado a ideia do que deve ser feito e como deve ser feito, é o melhor não só para a empresa, mas principalmente para ele e quando falamos de meio ambiente, para as gerações futuras; outro ponto é que ele saia da sua zona de conforto, ou da inércia e passe a agir por iniciativa própria; há também o desenvolvimento da auto-orientação, ou seja, ele se torna capaz de tomar decisões sem a influência constante de pessoas mais experientes, além disso, passa a orientar outras pessoas, esses profissionais são aqueles capazes de ajudar a promover as mudanças e influenciar positivamente os outros envolvidos no processo de implementação de um sistema de gestão.

Dando continuidade a leitura da norma, seguimos pelo requisito 4.4.2, onde está escrito o seguinte: **4.4.2 – Competência, Treinamento e Conscientização**:

> A organização deve assegurar que qualquer pessoa que, para ela ou em seu nome, realize tarefas que tenham o potencial de causar impactos(s) ambiental(is) significativo(s) identificados pela organização, seja competente com base em formação apropriada, treinamento ou experiência, devendo reter os registros associados.
> A organização deve identificar as necessidades de treinamento associadas com seus aspectos ambientais e seu Sistema de Gestão Ambiental. Ela deve prover treinamento ou tomar alguma ação para atender a essas necessidades, devendo manter os registros associados.
> A organização deve estabelecer, implementar e manter procedimento(s) para fazer com que as pessoas que trabalhem para ela ou em seu nome estejam conscientes:
> a) Da importância de se estar em conformidade com a política ambiental e com os requisitos do Sistema de Gestão Ambiental.
> b) Dos aspectos ambientais significativos e respectivos impactos reais ou potenciais associados com seu trabalho e dos benefícios ambientais proveniente da melhoria do desempenho pessoal.
> c) De suas funções e responsabilidades em atingir a conformidade com os requisitos do sistema de Gestão Ambiental.
> d) Das potenciais consequências da inobservância de procedimento(s) especificado(s).

Ao ler este trecho da norma, que é a base para atendimento ao requisito **4.4.2 - Competência, treinamento e conscientização**, durante o levantamento de aspectos e impactos ambientais significativos realizado pela organização, nota-se também que é de grande importância identificar quais as pessoas que podem trabalhar, ou representar a empresa e que possam gerar impactos ambientais significativos, a organização deve garantir que essas pessoas sejam competentes para a realização das atividades para as quais foram contratadas e, para isso, devem ter passado por uma preparação que lhes dê base, devem ser treinadas ou experientes naquilo que fazem, outro ponto importante é que os registros dos treinamentos sejam guardados de forma a garantir a sua integridade.

Vemos então que não só os empregados, diretos, da organização devem estar preparados para a execução de atividades que possam causar riscos ao meio ambiente, mas também aqueles que, de uma forma indireta, atuem em nome da empresa e possam gerar riscos potenciais.

Assim fica claro que, por exemplo, o operador de empilhadeira responsável pelo transporte de resíduos dentro da empresa deve receber treinamentos que o tornem apto na execução dessa tarefa, conhecendo os tipos de resíduos que são transportados, os riscos que podem ocasionar ao meio ambiente, os cuidados necessários para que durante o seu transporte, não causem danos ambientais, como devem ser armazenados, como agir em caso de acidentes e todos os outros cuidados que envolvem essa atividade, mas devemos lembrar também que, na falta deste profissional, a pessoa que o substitua ou no caso de uma empresa que não tem uma estrutura que garanta a existência desse profissional, usando a figura do mesmo operador de empilhadeira que transporta matéria-prima para o transporte de resíduos, também devem ter a mesma bagagem de treinamento.

Seguindo ainda o exemplo do transporte de resíduos, a retirada do resíduo de dentro da empresa geradora e o seu encaminhamento para o tratamento ou destinação final, que invariavelmente, é realizado por uma empresa contratada para a prestação desse serviço, esta deve apresentar periodicamente, os certificados de treinamentos aplicados aos seus profissionais, dando garantias de que estão preparados para a realização da tarefa contratada e também para agirem em caso de sinistros. Além de toda a legislação que deve ser atendida para este tipo de transporte.

É preciso que seja feito um levantamento relacionando as pessoas envolvidas em cada processo da empresa com as necessidades de treinamentos referentes aos aspectos e impactos ambientais significativos identificados pela empresa. Reciclagem constante dos empregados, a cada alteração de procedimentos, ou a cada alteração em nossos processos, quando da entrada de uma nova pessoa na empresa ou, então, no caso de promoções internas. Na contratação de novos prestadores de serviço, estes treinamentos podem ser contratados fora da empresa, quando não há uma pessoa capacitada e habilitada para a sua execução, ou até utilizar a estrutura de empresas a elas relacionadas, como fornecedores e prestadores de serviço, desde que mantenha sua equipe atualizada, preparada, capacitada e apta a desenvolver suas funções, evitando a geração de impactos ambientais ou gerando impactos de forma cada vez mais reduzida.

Este requisito pede ainda que sejam criados e mantidos procedimentos que garantam que os empregados diretos ou indiretos, representantes legais, ou prestadores de serviço que trabalhem para a organização estejam conscientes da importância de se trabalhar atendendo a política ambiental da empresa que é o ponto inicial de todo o sistema, além de atenderem aos requisitos de todo o sistema de gestão ambiental desenvolvido pela organização, além disso, essas pessoas devem ter claras e definidas as suas funções e responsabilidades, para que durante a rotina diária não ocorram pequenas falhas que podem minar todo o sistema, as tabelas ou listas de funções e responsabilidades não devem ficar guardadas apenas no setor de recursos humanos ou na gaveta do chefe de setor, elas precisam ser divulgadas entre os empregados, a informação deve circular entre os diversos níveis, treinamentos sobre o tema devem ser aplicados constantemente, até que a equipe atinja o nível de conscientização desejado pela empresa. Nesses procedimentos também deve ficar claro o que pode ocorrer no caso do não atendimento ou não cumprimento das regras ditadas pela empresa, e aqui estamos falando não só de formas de punir aqueles que não cumprem o regulamento (procedimento), mas dos riscos que o não atendimento das normas internas podem provocar, quais os impactos que podem gerar e a potencialidade dos danos que podem ser gerados.

Deve ficar claro para todos os integrantes da organização, desde o presidente até ao menor nível, na escala hierárquica da empresa, o que cada um deve fazer quando estiver passando pelo pátio da empresa e perceber um vazamento de água, por exemplo, quem deve chamar em primeiro lugar, o que pode ou não pode fazer, como tem que agir e os membros envolvidos no atendimento à emergências também devem estar preparados para agirem de forma rápida.

Algumas empresas cometem um pequeno deslize no momento de gerar registros sobre os treinamentos aplicados. A lista de presença com o nome e a assinatura dos funcionários que participaram de um determinado treinamento é um dos registros usados, mas ela deve conter informações adicionais e complementares, tais como: os principais temas abordados no treinamento. Essa informação é fundamental para a comprovação de que as pessoas que passaram por um treinamento de transporte interno de resíduos receberam informações sobre os cuidados no manuseio dos diferentes tipos de resíduo, a forma correta de seu armazenamento, a maneira correta de se identificar os recipientes, o que fazer em caso de um vazamento ou derramamento, quais os tipos de resíduos (perigosos, não-perigosos, líquidos, sólidos, gasosos) entre outros, quando um registro é apresentado de forma mais completa, fica claro que a organização está preocupada em atender os requisitos da norma. Fica ainda mais completo, quando são aplicadas formas de verificação do nível de retenção das informações que foram transmitidas, assim, testes e provas são registros complementares que podem ser usados em determinados casos.

Finalizando este tópico, vamos avaliar o requisito **4.4.3 – Comunicação**, como em outros requisitos analisados anteriormente, neste é dever da organização criar e manter procedimentos que garantam a comunicação interna entre as diversas áreas, níveis e funções dentro de seus processos, quando isso acontece, com eficiência, dificilmente, a empresa é surpreendida com a ocorrência de não-conformidades, quando a informação flui com facilidade e é compartilhada por todos os envolvidos nos processos, o desenvolvimento da equipe e de melhorias nos processos acontece de forma muito mais rápida, ao contrário das empresas onde a informação é vista como controle e poder, são as empresas onde "manda mais, quem sabe mais". Nesse tipo de empresa, o conhecimento é de importância fundamental para a garantia de sucesso da carreira de quem a detém, mas reduz, consideravelmente, a velocidade de desenvolvimento da empresa. É necessário que as informações pertinentes ao sistema sejam compartilhadas de maneira clara e rápida para que o processo de melhoria contínua se instale e progrida.

Cabe também a organização garantir que a resposta às solicitações internas ou externas, seja devidamente documentada, desde o seu recebimento até a resposta gerada para atender a solicitação feita. É importante que neste procedimento este tópico esteja bem definido e claro, para que a sua execução seja realizada com clareza e atendendo ao que a norma determina.

A **ISO 14.001** abre uma possibilidade para que as organizações optem ou não por informar para a comunidade, fornecedores, clientes, enfim, para as partes interessadas os seus aspectos ambientais significativos, porém, devemos levar em consideração que o simples fato de protocolar um relatório periódico solicitado pelos órgãos ambientais, e que nesses relatórios vários de seus aspectos aparecem, mesmo de forma implícita, fica difícil de optar por não informar externamente seus aspectos ambientais, claro que não é preciso informar o levantamento de aspectos e impactos ambientais realizado pela organização, em sua íntegra.

A transcrição total do texto da norma **ISO 14.001**, do requisito **4.4.3 – Comunicação** traz a seguinte informação:

> Com relação aos seus aspectos ambientais e ao Sistema de Gestão Ambiental, a organização deve estabelecer, implementar e manter procedimento(s) para:
> a) Comunicação interna entre os vários níveis e funções da organização;
> b) Recebimento, documentação e resposta à comunicações pertinentes oriundas de partes interessadas externas.
> A organização deve decidir se realizará comunicação externa sobre seus aspectos ambientais significativos, devendo documentar sua decisão. Se a decisão for comunicar, a organização deve estabelecer e implementar método(s) para esta comunicação externa.

Para finalizarmos esta primeira parte, lembre-se de começar o trabalho fazendo o simples. Mesmo para as grandes empresas, com estrutura e recursos, tanto financeiros, quanto humanos, não é fácil a implementação de um sistema de gestão, esse processo é trabalhoso, as pessoas devem deixar sua zona de conforto e partirem para a mudança, as adaptações de processos e de pessoas é fundamental. Como ficam então as empresas de pequeno e médio porte? Essas empresas devem utilizar melhor seus recursos humanos, aproveitar melhor sua estrutura, distribuir de maneira coordenada as atividades entre todos os seus profissionais, quando isso acontece, não há necessidade de investimentos em novas contratações, mas, como vimos no item **4.4.2 – Competência, treinamento e conscientização**, a preparação dessa equipe é um dos segredos para o bom desenvolvimento da implantação e manutenção do sistema de gestão ambiental.

8.2. A Segunda Fase da Implementação e Operação

Na segunda parte deste capítulo veremos quais os principais destaques para a implementação dos requisitos **4.4.4 – Documentação**, **4.4.5 – Controle de Documentos** e **4.4.6 – Controle Operacional**.

8.2.1. Requisito 4.4.4 – Documentação

É recomendado que o nível de detalhamento da documentação seja suficiente para descrever os principais elementos do sistema de gestão ambiental e sua interação, fornecendo orientação sobre fontes de informações mais detalhadas e sobre o funcionamento de partes específicas do sistema de gestão ambiental.

Essa documentação pode ser integrada com as de outros sistemas implementados pela organização, não precisando estar na forma de um único manual.

A documentação correlata pode incluir:

» Informações sobre processos.
» Organogramas.
» Normas internas e procedimentos operacionais.
» Planos e locais de emergência.

A documentação mínima que a norma **ISO 14.001** exige que as empresas mantenham atualizada e preservada é a seguinte:

a) **Política Ambiental, Objetivos e Metas Ambientais:** Quando estudamos o requisito **4.2 – Política Ambiental**, já foi definido que este item deve ser documentado, bem como o item **Objetivos e Metas**, também nos é exigido que seja criada, mantida e atualizada uma documentação específica para estes itens. É permitido a cada organização que crie o seu sistema de documentos, pode-se usar papel, fotos, desenhos, forma digital, web, ou qualquer outro tipo, desde que todos tenham sido treinados e aptos a entender a forma como os documentos circulam na organização.

b) **Descrição do escopo do Sistema de Gestão Ambiental:** É fundamental que este item esteja devidamente documentado dentro da organização, é a partir dele que a auditoria do sistema poderá identificar quais pontos devem ser avaliados.
c) **Descrição dos principais elementos do Sistema de Gestão Ambiental e sua interação e referência aos documentos associados:** Uma boa dica, neste caso, é a criação de uma matriz, ou tabela, onde possamos identificar quais os processos envolvidos no sistema, os documentos e registros pertinentes a cada um deles e o inter-relacionamento entre esses processos. Sempre que falamos em sistema e nas ferramentas que oferecemos para uso, estamos preocupados com a melhoria do desempenho desse sistema e com a busca da melhoria contínua. Não pensemos apenas na burocracia que o sistema gera, mas sim nos benefícios que estes documentos podem nos trazer para facilitar o nosso dia a dia.
d) **Documentos:** Incluindo registros, requeridos por esta norma, e também os documentos, incluindo registros, determinados pela organização como sendo necessários para assegurar o planejamento, a operação e controle eficazes dos processos que estejam associados com seus aspectos ambientais significativos.

Neste ponto vemos que não só os documentos exigidos pela norma, mas todos os documentos e os registros que sejam importantes para o desempenho do sistema devem ser mantidos e atualizados. Feito o levantamento dos aspectos ambientais significativos, observamos que esses aspectos estão relacionados com os diversos processos da nossa organização, para que possamos garantir que os impactos ambientais que esses aspectos possam gerar sejam mínimos ou não aconteçam, devemos criar documentos e registros que monitorem o andamento dos nossos processos, planejarmos as mudanças necessárias para que esses processos tornem-se cada vez melhores.

Alguns pontos devem ser observados quando da elaboração dos documentos, principalmente dos procedimentos aplicados aos processos, que fazem parte do escopo da certificação:

» **Simplificação:** Todo procedimento deve relatar apenas o que fazemos, sem muito enriquecimento de detalhes, dessa forma evitamos que esses detalhes sejam esquecidos em um momento de urgência e também devemos fazer tudo o que está escrito, para que nada do que foi planejado, deixe de ser executado.
» **Consenso dos envolvidos:** Na elaboração dos documentos a participação de todos os envolvidos é outro ponto chave para o sucesso do desenvolvimento do programa, isso também evita que por melindre ou ego ocorram os boicotes ao sistema, além disso, a visão de várias pessoas, com diferentes pontos de vista e níveis de conhecimento, principalmente do processo em questão, permitem que a maior parte das falhas sejam eliminadas na fase de elaboração dos documentos, antes mesmo de sua edição.

» **Treinamento:** Quando a documentação estiver devidamente elaborada, revisada e aprovada, todos os envolvidos no processo devem ser treinados sobre os procedimentos e documentos complementares a eles. Todas as dúvidas devem ser sanadas antes de sua operacionalização e ainda há tempo de, durante a fase de treinamento, identificarmos falhas e promovermos as devidas alterações e correções, antes da implementação.

» **Análises críticas (revisões) regulares:** Periodicamente, faz-se necessária a avaliação do sistema e da sua documentação, é nesta hora que podemos identificar as mudanças nos processos que ainda não constam dos procedimentos ou, então, as falhas nos processos por não seguirmos corretamente os procedimentos.

8.2.2. Requisito 4.4.5 – Controle de Documentos

No requisito **4.4.5**, da norma está escrito o seguinte texto:

> Os documentos requeridos pelo Sistema de Gestão Ambiental e por esta Norma devem ser controlados. Registros são um tipo especial de documento e devem ser controlados de acordo com os requisitos estabelecidos em 4.5.4.
>
> A organização deve estabelecer, implementar e manter procedimentos(s) para:
> a) Aprovar documentos quanto a sua adequação antes do uso;
> b) Analisar e atualizar, conforme necessário e reaprovar documentos;
> c) Assegurar que as alterações e a situação atual da revisão de documentos sejam identificadas;
> d) Assegurar que as versões relevantes de documentos aplicáveis estejam disponíveis em seu ponto de uso;
> e) Assegurar que os documentos permaneçam legíveis e prontamente identificáveis;
> f) Assegurar que os documentos de origem externa determinados pela organização como sendo necessários ao planejamento e operação do Sistema de Gestão Ambiental sejam identificados e que sua distribuição seja controlada;
> g) Prevenir a utilização não intencional de documentos obsoletos e utilizar identificação adequada nestes, se forem retidos para quaisquer fins.

Já no início deste requisito vemos a obrigatoriedade de se criar um sistema para controle de documentos. Mais uma vez fica a cargo de cada empresa definir como este controle será feito, algumas se utilizam de softwares capazes de identificar a co-relação entre os diversos procedimentos existentes em nosso sistema e os documentos e registros que estão ligados a eles, isso ajuda, quando da atualização dos procedimentos, a identificar em quais outros procedimentos este é citado, ou quais os procedimentos que fazem referência ao que está sendo alterado, bem como seus documentos e registros. Outras empresas atuam de forma mais simples com uma tabela para controle e as alterações controladas dos editores de texto. Ambas as formas são aceitas, bem como qualquer outra que se possa criar, desde que garanta que quando houver alteração de um determinado documento, todos os demais sejam atualizados também.

É frisado neste item que os registros são documentos com características especiais e também devem ser controlados, porém a forma de controle desse tipo de documento é regulada através de outro requisito da norma, o que veremos em um capítulo mais adiante. Agora cabe apenas a lembrança de que os registros fazem parte dos documentos que devem ser controlados.

Alguns procedimentos devem ser criados para assegurar que todo documento (procedimento, registro ou outro tipo qualquer), deve passar por algumas fases antes de ser colocado em operação, a aprovação de um documento é uma etapa que não pode deixar de ser cumprida, a aprovação cabe aos responsáveis pelos processos, é essa pessoa que deve julgar e validar as informações contidas no documento em questão, antes do seu uso.

Sempre que necessário, e isso significa dizer que, quando houver uma mudança nos processos, ou alterações no tipo de materiais que utilizamos, alterações tecnológicas, desenvolvimento de novas técnicas, uma não-conformidade identificada durante um processo de auditoria interna, ou outra alteração qualquer que o nosso processo possa passar, é obrigatório que ocorra a análise dos documentos envolvidos. Sua atualização deve ser imediata e também deve-se promover a nova aprovação deste documento, tudo isso deve ser avaliado para identificar a necessidade de novos treinamentos, para os envolvidos nos processos que passaram pela alteração em questão.

Outra importante garantia que o sistema deve abranger é que toda a documentação fora de uso, ou seja, os documentos obsoletos sejam retirados das áreas e substituídos pelos documentos atualizados e aprovados.

Como na legislação, podemos usar o sistema de tornar inválidos os documentos que antecederam a versão atual e que está em vigor, dessa forma, um texto no início dos procedimentos alterados, revisados e aprovados, dizendo, por exemplo: "As versões anteriores deste documento não têm mais validade", já indica que os documentos anteriores estão obsoletos.

O controle de documentos, que veremos mais adiante, deve incluir procedimentos que garantam a retirada, identificação e destruição, quando for o caso, dos documentos obsoletos.

Além da retirada dos documentos que não serão mais utilizados, é preciso assegurar que nos locais onde há a necessidade de documentos para consulta, verificação, acompanhamentos e outras atividades, estes sejam encontrados em suas versões mais recentes e caso seja necessário a manutenção da versão anterior, que esta versão esteja identificada, evitando o seu uso incorreto.

Muitas empresas se utilizam de carimbos ou outros tipos de sinalizadores para efetuar esta identificação.

Também devem constar neste procedimento itens para assegurar a preservação e conservação dos documentos utilizados pelo sistema e disponíveis nas áreas. Um documento faltando folhas, ou cujas anotações permitam a sua alteração, ou com informações rasuradas, ou ilegíveis, documentos rasgados, são exemplos de não conformidades que demonstram falhas no sistema. A identificação dos documentos utilizados deve ser feita de forma clara, preferencialmente, adotando-se um padrão para a empresa toda.

Algumas informações são indispensáveis na identificação de documentos: tipo do documento (procedimento, registro, tabela, folha de verificação), assunto, código, versão, datas de revisão e aprovação, nomes dos responsáveis. Um bom modelo de identificação de documentos que pode ser adotado tem este formato:

» No cabeçalho de cada página, podemos incluir, no mínimo estas informações:

	Procedimento para Atendimento à Emergências	Versão: 00
	SGA-P001	Data: 15/12/2011

» Já no rodapé dos documentos podemos incluir as seguintes informações:

Elaborado por (Resp./Data)	Revisado por (Resp./Data)	Aprovado por (Resp./Data)

Quando a organização se utiliza de informações provenientes de outras empresas, ou que não foram documentos gerados ou desenvolvidos pela própria organização, um bom exemplo no caso dos sistemas de gestão ambiental são as leis aplicáveis, as licenças de operação ou documentos dos órgãos públicos, instruções de trabalho vindas de outras organizações para as quais estamos prestando serviços, ou orientações de nossos clientes, também devem ser incluídos neste procedimento. Devemos assegurar que estejam devidamente identificados, além de controlarmos sua distribuição, evitando que possa circular em áreas onde não será aplicado, ou que possa gerar dúvidas na execução das atividades rotineiras, ou ainda que as informações neles contidas, possam circular fora de nossa área, principalmente quando estamos lidando com informações sigilosas.

Não basta apenas ter um ótimo controle dos documentos, é de fundamental importância que os processos estejam controlados, que a operação das fábricas executem exatamente aquilo que está escrito em nossos documentos, que as verificações sejam realizadas dentro da frequência definida e, principalmente, que os parâmetros permaneçam enquadrados dentro dos limites especificados para cada um deles. Nasce daí, dentro do conceito de melhoria contínua da **NBR ISO 14.001**, o requisito **4.4.6**, que dita as regras para que tenhamos um controle operacional dentro das atividades pela empresa desenvolvidas.

8.2.3. Requisito 4.4.6 – Controle Operacional

Quando estamos estudando este requisito da norma **NBR ISO 14.001**, nos deparamos com o seguinte texto:

> A organização deve identificar e planejar aquelas operações que estejam associadas aos aspectos ambientais significativos identificados de acordo com sua política, objetivos e metas ambientais para assegurar que elas sejam realizadas sob condições especificadas por meio de:
> a) Estabelecimento, implementação e manutenção de procedimento(s) documentado(s) para controlar situações onde sua ausência possa acarretar desvios em relação à sua política e aos objetivos e metas ambientais;
> b) Determinação de critérios operacionais no(s) procedimentos(s);
> c) Estabelecimento, implementação e manutenção de procedimento(s associado(s) aos aspectos ambientais significativos identificados de produtos e serviços utilizados pela organização e a comunicação de procedimentos e requisitos pertinentes a fornecedores, incluindo-se prestadores de serviço.

Novamente vemos como é importante a execução de um levantamento de aspectos e impactos ambientais bem elaborados e abrangentes, este levantamento deve levar em consideração todas as atividades ou processos de nossa empresa incluindo as atividades de manutenção, as atividades de nossos prestadores de serviços, internos e externos, e de nossos fornecedores, e como esse levantamento serve como base para tantas outras atividades desenvolvidas dentro de um sistema de gestão ambiental. Mais uma vez, dependemos da identificação dos aspectos, para a elaboração de procedimentos voltados ao controle e monitoramento de atividades, tarefas ou operações, dentro dos processos, que possam, de alguma maneira, gerar impactos ambientais em nosso meio.

Deve-se tomar um cuidado especial com as atividades, tarefas ou operações que estão relacionadas aos aspectos ambientais apontados no sistema, para garantir que durante a sua execução, não sejam gerados impactos que possam ferir a política, a diretriz que assumimos e que norteia o nosso sistema. Deve-se assegurar também que será mantido o controle de nossos objetivos e, para isso, cabe um acompanhamento mais detalhado das metas estipuladas.

Fica claro aqui a inter-relação entre o levantamento de aspectos e impactos ambientais, a política e a determinação dos objetivos e metas, com a execução das atividades. Se conseguir manter o controle da execução das atividades, de forma que permita o seu monitoramento constante e a sua variabilidade dentro de parâmetros aceitáveis, estaremos atendendo a mais um requisito da **ISO 14.001**.

Ao determinar que um ou mais procedimentos sejam criados, e quando falamos em criados significa dizer que esses procedimentos devem ser estabelecidos, na sua elaboração devemos contar com todos os envolvidos, para evitar que alguma falha ou esquecimento possa ocorrer; implementados, esses procedimentos devem ser seguidos por todos, sem exceção e da mesma maneira como foram descritos; e, finalmente, a manutenção desses procedimentos deve ser constante, ela deve ocorrer sempre que preciso, só assim poderemos garantir a confiabilidade do sistema, ou seja, que as metas serão atingidas, os objetivos alcançados e não correr o risco de ferir a sua política.

Deve-se levar em consideração, durante a elaboração desses procedimentos, não apenas as circunstâncias internas do negócio, mas, como a norma prevê, também as condicionantes das partes interessadas, e aqui entram os fornecedores e prestadores de serviços. Ao utilizarmos produtos e serviços de terceiros os aspectos ambientais significativos que eles possam gerar, dentro ou fora da empresa, também devem ser considerados nos procedimentos. É necessário elaborar formas de manter a atualização dos documentos, junto aos fornecedores e prestadores de serviços, bem como as informações vindas dessas partes relacionadas às operações da empresa, devem ser controladas e mantidas, de forma a reduzirmos ao máximo a geração de impactos ambientais.

Durante a elaboração dos procedimentos é necessário incluir critérios para seu controle, esses critérios são usados para evitar dúvidas durante a execução das tarefas, quando temos situações de tomada de decisão controladas, trabalhamos com um risco mínimo de indecisão. Quando incluímos nos procedimentos condições que possam prever como deve-se agir em determinadas situações, como por exemplo, "Durante a análise do pH, no lançamento de efluente tratado, que deve estar entre 6 – 9, caso o valor encontrado esteja abaixo de 6,5, ou acima de 8,5, informe o responsável pelo tratamento". Não há dúvidas para quem executa a atividade de verificação do lançamento de efluente tratado de como ele deve agir no caso de uma variação, tanto para cima, quanto para baixo dos níveis de controle, estamos assim, definindo critérios, controlando situações e evitando a ocorrência de uma falha em no processo.

Veremos a seguir, o que determina a norma e o que devemos fazer para que estejamos prontos a atender situações de emergência.

8.3. A Terceira Fase da Implementação e Operação

8.3.1. Requisito 4.4.7 – Preparação e Resposta à Emergências

Este trecho da norma **NBR ISO 14.001** começa mostrando o seguinte texto:

> A organização deve estabelecer, implementar e manter procedimento(s) para identificar potenciais situações de emergência e potenciais acidentes que possam ter impacto(s) sobre o meio ambiente, e como a organização responderá a estes.

Mais uma vez a **NBR ISO 14.001** determina que procedimentos sejam estabelecidos, implementados e mantidos, sendo assim, é necessário criar procedimentos que garantam que durante a execução das atividades, aquelas que possam gerar acidentes ou situações de risco, devem ser controladas, neles também devem conter informações de como deve-se agir caso algum problema ocorra ou na identificação de potenciais riscos, e como estamos falando de um sistema de gestão ambiental, os acidentes que devem ser considerados aqui são relacionados ao meio ambiente, apesar de o ser humano integrar o meio ambiente, os acidentes de trabalho não são controlados neste tipo de sistema, esta norma não trabalha com este tipo de acidentes.

Abre-se, então, um novo mundo dentro do sistema de sua empresa, já que teremos que avaliar cada etapa dos processos para identificar quais os potenciais riscos que elas podem oferecer para o meio ambiente, no transporte interno de matéria-prima o que pode ocorrer caso ocorra um derramamento, um vazamento de tanque ou tubulação, o mau funcionamento de uma válvula ou registro de segurança, o excesso de pressão na tubulação ou na caldeira, um acidente no transporte do produto acabado feito por uma frota terceirizada, o ruído excessivo das máquinas no período noturno, são alguns exemplos de atividades que devem ser previstas e controladas.

Quais as pessoas que serão habilitadas para o atendimento a cada tipo de emergência e como deverão agir em cada caso, deve estar previsto nos procedimentos.

Uma boa dica para atender este requisito é a utilização da brigada interna para combater acidentes. Grande parte das empresas tem um grupo de funcionários que são preparados para o combate a incêndios, esta mesma equipe pode ser preparada para atender outros tipos de emergências, incluindo acidentes ambientais. Para as empresas com pequeno número de funcionários, algumas pessoas devem ser direcionadas para este tipo de atividade, o que não pode acontecer, em hipótese alguma, é a falta no atendimento a este requisito.

Ainda neste requisito, vemos a seguinte frase: "A organização deve responder às situações reais de emergência e aos acidentes, e prevenir ou mitigar os impactos ambientais adversos associados".

Os procedimentos devem ser elaborados de forma a evitar que os riscos potenciais venham a ocorrer, mas caso ocorra um acidente, as equipes devem estar preparadas para evitar que os danos que possam causar sejam graves. Instruções de trabalho devem ser elaboradas levando-se em consideração que podem ocorrer possíveis falhas no sistema e quais as formas de evitar que elas ocorram, além disso, caso um acidente venha acontecer, os impactos ambientais que ele possa gerar devem ser minimizados, mais uma vez vemos a inter-relação entre os requisitos da norma e a importância de um levantamento bem elaborado dos aspectos e impactos ambientais.

O preparo das equipes deve ser constante, como numa equipe de fórmula 1, quando da parada do carro no "pit stop", todos devem estar preparados, conscientes de suas responsabilidades e aptos a realizar sua atividade da maneira mais rápida, segura, eficiente e eficaz, controlando a situação e agindo de forma a garantir que a gravidade dos impactos que este acidente pode causar seja a mínima possível, quando não for possível evitar.

Na sequência, a **NBR ISO 14.001** nos traz a seguinte obrigação:

> A organização deve periodicamente analisar e, quando necessário, revisar seus procedimentos de preparação e resposta à emergência, em particular, após a ocorrência de acidentes ou situações emergenciais.
> A organização deve também periodicamente testar tais procedimentos, quando exequível.

Fica claro que quando da ocorrência de um acidente todos os procedimentos devem ser reavaliados, pois houve uma falha, se, mesmo com a execução de treinamentos e teste periódicos, o constante monitoramento do sistema, a verificação periódica das condições dos equipamentos e do pessoal, a avaliação do sistema, uma falha ocorre e um acidente acontece, é porque algum ponto não foi considerado ou ocorreu uma falha humana. Neste caso não há outra alternativa a não ser a revisão completa dos procedimentos e do sistema de gestão ambiental.

As situações onde são identificadas falhas potenciais em nossos processos e procedimentos também servem como uma ferramenta para a avaliação de nosso sistema, neste caso, temos um ponto favorável em relação ao comentado no parágrafo anterior, uma vez que o acidente ainda não ocorreu e estamos tendo a oportunidade de evitarmos um dano maior ao meio ambiente, mas em ambas as situações, é de suma importância que ações sejam tomadas para a correção dos procedimentos, das instruções de trabalho, dos treinamentos e uma revisão do sistema deve ser realizada o mais rápido possível.

Além disso, a norma lembra que, devemos testar nossos procedimentos e nosso sistema sempre que possível.

É claro que não vamos provocar um vazamento de amônia para testar se a equipe está agindo da maneira correta, mas simulações devem ser feitas para medição dos tempos de resposta, comprometimento da equipe, verificação de ocorrência de falhas e discussão de melhorias que possam nos auxiliar na realização das atividades de combate aos acidentes, controle dos impactos que possa causar e atendimento às situações de emergência que possam ocorrem nas empresas.

Sempre na busca da melhoria contínua, estes procedimentos devem ser revisados e avaliados periodicamente, testes devem ser realizados, listas de verificação ou check lists devem ser criados para inspeções rotineiras, com critérios que quando ultrapassados geram a necessidade de ações corretivas ou quando identificadas falhas potenciais no sistema, antes que elas ocorram, ações preventivas devem ser desencadeadas para a manutenção do sistema.

Como pudemos ver neste capítulo, só pelo requisito **4.4.7 – Preparação e resposta à emergência** da norma **NBR ISO 14.001**, já vale a pena a sua utilização como ferramenta de gestão, só de estarmos preparados para evitar ocorrências de acidentes ou emergências é um ótimo motivo para a sua utilização.

Como já visto anteriormente, não é possível avaliar um sistema de maneira particionada, esta análise deve ser feita de forma global, e este capítulo é um exemplo disso, pois vemos a relação entre o controle operacional e o levantamento de aspectos e impactos ambientais, relacionando-os com a política, os objetivos e metas, a comunicação com prestadores de serviço e com os fornecedores, o controle de documentos, ou seja, um requisito da norma não pode ser avaliado de forma independente dos demais, essa análise deve ser feita sempre em conjunto com outros requisitos com os quais este que estamos avaliando se relaciona.

Anotações

Anotações

CAPÍTULO

9

VERIFICAÇÃO

Requisito 4.5.1 - Monitoramento e Medição
•
Requisito 4.5.2 - Avaliação do Atendimento a Requisitos Legais e Outros
•
Requisito 4.5.3 - Não-Conformidade, Ação Corretiva e Ação Preventiva
•
Requisito 4.5.4 - Controle de Registros
•
Requisito 4.5.5 - Auditoria Interna

VERIFICAÇÃO

9
CAPÍTULO

Estamos chegando ao penúltimo requisito para implementação de um sistema de gestão ambiental, com base na norma **NBR ISO 14.001**, que é o item **4.5 – Verificação**. Neste item veremos quais as exigências que a empresa deve cumprir para atender a norma no que diz respeito ao monitoramento e medição dos processos, como devem ser avaliados o atendimento aos requisitos legais e outros, como deve-se tratar as não-conformidades que possam surgir, e cabe dizer que é bom que elas surjam, principalmente durante as auditorias internas, pois mostram que estamos evoluindo, como tratar as ações corretivas e preventivas, como deve ser o controle dos registros gerados pelo sistema e finalizando este capítulo, como deve-se proceder para a execução das auditorias internas, ou seja, o que é preciso que se faça para avaliar como está o sistema de gestão ambiental, quais seu pontos fracos, o que se pode fazer para melhorar o desempenho, que ações corretivas devem ser implementadas e quais as ações preventivas que podem ser tomadas para mantermos o sistema na elipse ascendente pela melhoria contínua.

9.1. REQUISITO 4.5.1 - MONITORAMENTO E MEDIÇÃO

Vamos iniciar este capítulo vendo o que a norma pede com relação ao requisito **4.5.1 – Monitoramento e medição**. O texto descrito neste requisito é o seguinte:

> A organização deve estabelecer, implementar e manter procedimento(s) para monitorar e medir regularmente as características principais de suas operações que possam ter um impacto ambiental significativo. O(s) procedimento(s) deve(m) incluir a documentação de informações para monitorar o desempenho, os controles operacionais pertinentes e a conformidade com os objetivos e metas ambientais da organização.
> A organização deve assegurar que equipamentos de monitoramento e medição calibrados ou verificados sejam utilizados e mantidos, devendo-se reter os registros associados.

Já foi comentado no capítulo anterior sobre a necessidade, quando da elaboração de um procedimento, que ele seja criado por um grupo de pessoas e que elas estejam envolvidas no processo que está sendo avaliado ou nos processos inter-relacionados a este, todo procedimento, deve passar por uma avaliação e por sua validação, e antes de ser colocado em prática, as pessoas envolvidas devem ser treinadas para atenderem as novas exigências ou simplesmente para tomarem ciência da nova norma de trabalho.

Além disso, é preciso que todo procedimento seja mantido, isto significa dizer que devem ser corrigidos, alterados ou atualizados sempre que preciso.

Mais uma vez a norma exige que, ao menos, um procedimento seja implementado para garantir que as atividades executadas pela organização, não gerem um impacto ambiental significativo. Vemos, novamente, a relação do levantamento de aspectos e impactos ambientais com outro requisitos da norma estudada, sejam realizadas medições acompanhamentos regulares nessas atividades.

No capítulo 8, quando comentamos sobre o requisito **4.4.6 – Controle operacional**, mostramos a importância do acompanhamento das atividades realizadas e da necessidade de identificação dos critérios para este acompanhamento. Este capítulo se inicia justamente comentando sobre a importância do monitoramento e da medição dos resultados obtidos dentro das atividades. São dessas medições que vão surgir as informações necessárias para alimentar os controles de metas e, consequentemente, dos objetivos que se quer alcançar, além disso, caso algum parâmetro exceda os limites definidos para o seu monitoramento, ou melhor ainda, antes mesmo que isso aconteça, quando o monitoramento é executado regularmente, em intervalos adequados para cada tipo de processo, pode-se executar ações que evitem a ocorrência de uma emergência ou, na pior das situações, o risco de um acidente.

Já se antecipando a possíveis problemas que poderiam acontecer durante a execução de monitoramento e medição dos processos, a **NBR ISO 14.001**, nos direciona para que neste procedimento devam estar descritos todos os documentos relacionados as atividades que serão realizadas, quais os controles operacionais que serão utilizados para o monitoramento dos processos e faz a ligação entre os objetivos e metas definidos pela organização e os critérios de conformidade que devem ser mantidos para evitar possíveis problemas.

A amarração entre todas as pontas do sistema é muito bem feita, através do cruzamento de informações e da inter-relação entre os diversos processos de uma empresa, como que tecendo um tapete de informações, podemos usar as informações de forma coerente para a avaliação dos pontos fortes e direcionando esforços e recursos para a melhoria e ou a eliminação de nossos pontos fracos.

Durante a realização das atividades de monitoramento e medição é possível a utilização de alguns equipamentos que nos auxiliem nesta tarefa. Estes equipamentos devem gerar informações consistentes e corretas, daí a necessidade de serem confiáveis, por este motivo a calibração destes equipamentos deve ser feita de maneira sistemática e controlada, as informações geradas durante a calibração dos equipamentos são registros importantes para a manutenção do sistema, pois garante que as informações obtidas através de sua utilização são consistentes e verdadeiras e que é possível tomar as decisões de maneira acertada. Tanto os equipamentos de medição, quanto os registros de suas calibragens ou verificações devem ser mantidos de forma a garantir o seu uso, acesso e confiabilidade. De nada adianta enviarmos um equipamento para calibração, e ao recebê-lo não garantir a sua preservação ou do registro com as informações dando credibilidade para o mesmo.

Outro requisito, que já foi comentado anteriormente sobre sua importância e que se destaca dentro do item de verificação é o relacionado aos requisitos legais e outros.

9.2. REQUISITO 4.5.2 - AVALIAÇÃO DO ATENDIMENTO A REQUISITOS LEGAIS E OUTROS

Ao analisarmos os requisitos **4.5.2.1** e **4.5.2.2** da **NBR ISO 14.001**, temos o seguinte texto:

> 4.5.2.1 - De maneira coerente com o seu comprometimento de atendimento a requisitos, a organização deve estabelecer, implementar e manter procedimentos(s) para avaliar periodicamente o atendimento aos requisitos legais aplicáveis.
> A organização deve manter registros dos resultados das avaliações periódicas.
> 4.5.2.2 - A organização deve avaliar o atendimento a outros requisitos por ela subscritos. A organização pode combinar esta avaliação com a avaliação referida em 4.5.2.1 ou estabelecer um procedimento em separado.
> A organização deve manter registros dos resultados das avaliações periódicas.

Criar um sistema que garanta que a solicitação de renovação da licença de operação, emitida pelo órgão ambiental de seu estado, foi protocolada dentro do prazo estipulado, evitando assim que a empresa opere em desacordo com a legislação, ou que todas as máquinas ou equipamentos de sua empresa estão licenciados, ou ainda que as condicionantes de sua licença estão sendo atendidas e os respectivos relatórios são encaminhados dentro dos prazos para os órgãos fiscalizadores, é uma das exigências deste requisito.

A definição da periodicidade com que estas informações serão verificadas, ou que os prazos são atendidos, cabe a organização, só ela pode definir, de acordo com os recursos que ela tem ao seu dispor, mas este intervalo de tempo deve ser suficiente para garantir que estas ou outras informações sejam atendidas dentro dos prazos estipulados.

A verificação das mudanças na legislação aplicável ao seu empreendimento deve ser feita garantindo que a empresa não estará operando em situação ilegal ou que seja passível de autuação ou multa.

Como comentamos no tópico referente ao requisito **4.3.2 – Requisitos legais e outros**, existem várias formas das organizações garantirem o acesso às alterações na legislação aplicável ao seu tipo de empreendimento, cabe a elas definirem qual será mais adequada à sua estrutura e utilizar-se desse recurso da maneira correta.

Feito isso, durante a verificação será confirmada se as atualizações estão sendo realmente avaliadas e aplicadas na empresa.

Quando a empresa se utiliza de outros requisitos para sua operacionalização, tem suas normas e regulamentos internos, ou de seus clientes ou ainda de seus fornecedores, ela deve garantir que as atualizações destes requisitos, por ela definidos como sendo válidos para a realização de sua atividade econômica, são controladas, verificadas e atualizadas periodicamente.

Não é necessária a criação de procedimentos específicos para cada uma das avaliações que serão realizadas, um mesmo procedimento pode abranger as duas avaliações, desde que não se esqueça de nenhum item fundamental para a vida do sistema.

As avaliações devem ser registradas, ou seja, sempre que ocorrer uma consulta a um site na internet, por exemplo, para verificar se houve alguma alteração em uma determinada lei, o resultado desta pesquisa deve ser arquivado e mantido como registro, não só ele, mas também o que este resultado desencadeou dentro da nossa empresa, quais foram as implicações por ele geradas ou, então, a alteração em um regulamento interno deve substituir imediatamente a sua antecessora, principalmente nos locais onde elas são usadas para desenvolvimento das atividades que possam gerar impactos ambientais. Durante o processo de verificação do sistema de gestão ambiental, um dos pontos é a verificação dessas atualizações e se o procedimento de verificação está sendo cumprido dentro dos seus parâmetros de execução, também esta verificação gera registros. Esses registros deverão ser mantidos, como veremos no requisito **4.5.4 – Controle de registros**.

9.3. Requisito 4.5.3 - Não-Conformidade, Ação Corretiva e Ação Preventiva

No trecho abaixo da norma **ISO 14.001**, podemos ver os requisitos que devem ser atendidos, relacionados à não-conformidades e ações corretivas e preventivas:

> A organização deve estabelecer, implementar e manter procedimento(s) para tratar as não-conformidades reais e potenciais, e para executar ações corretivas e preventivas. O(s) procedimento(s) deve(m) definir requisitos para:
> a) Identificar e corrigir não-conformidade(s) e executar ações para mitigar seus impactos ambientais.
> b) Investigar não-conformidade(s), determinar sua(s) causa(s) e executar ações para evitar sua repetição.

c) Avaliar a necessidade de ação(ões) para prevenir não-conformidade(s) e implementar ações apropriadas para evitar sua ocorrência.
d) Registrar os resultados da(s) ação(ões) corretiva(s) e preventiva(s) executada(s).
e) Analisar a eficácia da(s) ação(ões) corretiva(s) e preventiva(s executada(s).
As ações executadas devem ser adequadas à magnitude dos problemas e ao(s) impacto(s) ambiental(is) encontrado(s).
A organização deve assegurar que sejam feitas as mudanças necessárias na documentação do Sistema da Gestão Ambiental.

Dentro do processo de verificação do sistema de gestão ambiental, ocorrem as auditorias internas do sistema, é durante esta atividade que as não-conformidades podem surgir. Existem organizações que não admitem falhas em seus sistemas, mas devemos lembrar que são essas falhas que promovem o desenvolvimento do sistema. Uma não-conformidade não deve ser encarada como uma situação humilhante, mas como uma excelente oportunidade de melhoria e é exatamente esse o fundamento da norma, a busca pela melhoria contínua. Quando passamos a ver uma não-conformidade como um combustível que vai alimentar a chama que mantém vivo o sistema, passamos a um novo nível de desenvolvimento sistêmico.

Por esse motivo a **NBR ISO 14.001** exige que procedimentos sejam implementados especialmente para o tratamento de não-conformidades, ela deixa bem esclarecido que tanto as inconsistências reais, quanto as potenciais. Aí vemos que uma não-conformidade não precisa ocorrer para ser tratada, só a possibilidade de sua ocorrência já é suficiente para a necessidade de estudos para a sua eliminação. A norma diz também que devemos tomar ações que visam a correção do desvio ou problema encontrado, ou ainda de ações que visam a prevenção da ocorrência de potenciais problemas, em primeiro lugar, deve-se tomar medidas para a identificação e correção de uma não-conformidade e agir de forma a evitar os impactos ambientais que ela possa gerar. Feito isso, ou seja, controlando a situação deve-se partir para outro ponto que é descobrir o porquê da ocorrência deste evento negativo no sistema, qual a real razão de seu surgimento. Neste ponto várias ferramentas podem ser utilizadas, tais como: Brainstorming, Diagrama de Ishikawa, Diagrama de Pareto, Histograma, Análise dos 5 Porquês, reuniões interdepartamentais, ou outras tantas que a empresa queira usar ou sinta-se mais a vontade.

Após identificada a causa da não-conformidade, devemos eliminá-la e agir para evitar que possa ocorrer novamente. Se ainda não percebeu a metodologia usada para a solução dos problemas encontrados, ela é a mesma sobre a qual a norma é estruturada, o PDCA, sendo assim, o próximo passo para a validação das ações corretivas e preventivas é o registro das informações geradas durante a sua execução e, por fim, a análise dos resultados obtidos, o que nos dará a garantia de que "o mal foi arrancado pela sua raiz".

A norma usa uma frase para finalizar este requisito que exprime o peso das ações que devem ser tomadas, para cada problema encontrado, a ação corretiva ou preventiva adotada deve ser adequada para o impacto que ele possa gerar. Ela lembra também que a documentação do sistema deve ser alterada sempre que houver necessidade, o que vem então confirmar o que a norma exige quando diz que os procedimentos devem ser mantidos, com o significado de atualizados, neste requisito fica nítida a exigência de sua avaliação e possível atualização a cada nova ação corretiva ou preventiva, não só do procedimento, mas isto também pode ocorrer no conjunto de documentos utilizados para a manutenção do sistema, documentos, registros e outro qualquer utilizado.

Na sequência do item de verificação, vamos entender melhor o que é solicitado para que avaliemos se o controle de registros adotado pelo sistema de gestão ambiental está atendendo as exigências da norma e o que devemos fazer para enquadrar o sistema neste requisito da **NBR ISO 14.001**.

9.4. Requisito 4.5.4 - Controle de Registros

Vamos analisar o que exige a norma com relação ao requisito 4.5.4.:

> A organização deve estabelecer e manter registros, conforme necessário, para demonstrar conformidade com os requisitos de seu Sistema de Gestão Ambiental e desta Norma, bem como os resultados obtidos.
> A organização deve estabelecer, implementar e manter procedimento(s) para a identificação, armazenamento, proteção, recuperação, retenção e descarte de registros.
> Os registros devem ser e permanecer legíveis, identificáveis e rastreáveis.

Quando vamos introduzir itens de verificação em nossos processos, devemos seguir alguns critérios para a criação desses novos documentos que passaram a ser usados como fontes de consulta para a tomada de decisões futuras.

O registro de uma informação pode ser feito de várias maneiras diferentes, de acordo com a estrutura e recursos de cada organização, porém, independentemente da forma como esta informação será registrada, se ela será feita em folhas de papel ou em dispositivos eletrônicos, se será colhida por uma pessoa ou gerada através de um sistema informatizado, em todos os casos, a confiabilidade nos dados deve ser garantida. Normalmente as empresas se valem de formulários para anotação de dados durante a inspeção de seus processos, uma ou mais pessoas verificam uma determinada situação de uma parte do processo, compara esta informação com os critérios pré-estabelecidos e caso encontre alguma variação entre o valor encontrado e os parâmetros determinados, executa uma ação, que pode ser corretiva ou preventiva.

Durante a coleta de dados, deve-se garantir que não ocorram rasuras ou a possibilidade de alteração na informação coletada, ou seja, coleta de informações e anotação de dados de forma que possam ser apagados e alterados posteriormente.

As informações anotadas devem ser claras e em linguagem de fácil entendimento e compreensão por outras pessoas, palavras e números mal escritos, valores incompreensíveis ou ilegíveis, são exemplos de registros que não atendem ao requisito de verificação desta norma. Informações sobre qual atividade e de qual processo que está sendo inspecionado, data e hora em que ocorreu a inspeção, o nome da pessoa que realizou a inspeção, os valores encontrados ou situação observada no momento da inspeção. Além da aprovação de um superior imediato ao responsável pela inspeção, são formas de garantir que a situação observada e a informação anotada estão corretas e que os responsáveis pela organização estão cientes da ação adotada. Em caso de necessidade de correção, estes dados também permitem que em uma ocorrência futura, o acesso às informações seja rápido e de fácil acesso para os interessados. Tudo isso permite um maior controle sobre os registros gerados para a manutenção do sistema.

Um ou mais procedimentos devem ser implementados para garantir que os registros sejam facilmente identificáveis, para atender a este caso são criados padrões para a identificação dos documentos utilizados para a inspeção dos processos avaliados. Esses padrões devem garantir que os registros sejam localizados sempre que necessário e permitindo a sua rastreabilidade. Nesses procedimentos devem estar incluídos itens que garantam a segurança das informações e as formas de como esses dados devem ser armazenados, isso evita que pacotes de informações sejam jogados em qualquer canto da empresa e não sejam acessados novamente. Os registros, após sua utilização, devem ser armazenados de forma coerente e que permita a sua recuperação, quando for necessário, a correta identificação dos locais onde serão armazenados, as caixas ou os meios digitais de arquivamento de informações devem ser identificados de forma padronizada permitindo sua recuperação sempre que preciso.

No caso de sistemas de arquivamento de informações digitais, é importante que sejam criadas rotinas de backups frequentes e em locais diferentes de armazenamento, isto se aplica as empresas de qualquer tipo ou porte. Sempre que possível armazene cópias de suas informações em locais fora da empresa, pois caso ocorra um sinistro, haverá meios de recuperação dessas informações, evite deixar as informações, mesmo as sigilosas, armazenadas apenas em uma máquina, utilize as ferramentas disponíveis na área de tecnologia de informação para suprir essa necessidade, um hard disk (HD) externo, um notebook especial para cópia de informações ou o uso da nuvem na internet, onde os arquivos ficam armazenados em um local que podemos acessá-lo de qualquer parte do planeta, são boas alternativas para este problema.

Outra informação que deve ser abordada no procedimento para controle de registros é o prazo de validade de cada documento, por quanto tempo esses documentos devem ser retidos no local de trabalho é uma das informações que devem ser contempladas. Depois de utilizados, por quanto tempo devem ser armazenados e se puderem ser descartados, quando isso deve ser feito e por quem, são formas de garantir que os registros sejam tratados corretamente.

Uma boa alternativa é a inclusão dessas informações, e outras que julgar necessárias, em um campo no cabeçalho ou rodapé dos documentos, dados como: período e local de armazenamento, prazo para descarte, responsável pelo descarte, são válidos para o controle de registros.

Vemos assim a importância de ter as informações geradas pelo sistema de gestão ambiental, catalogadas de forma coerente, clara, de fácil acesso e pronta recuperação para que sejam utilizadas sempre que necessário. Lembrando que esses dados serão colhidos nas atividades dos processos que possam influenciar os aspectos ambientais listados no sistema e gerar impactos que possam comprometer os objetivos, metas e a política.

9.5. REQUISITO 4.5.5 - AUDITORIA INTERNA

Os requisitos que a organização deve atender para que possa, no mínimo, garantir que o sistema de gestão ambiental esteja de acordo com a norma **ISO 14.001**, relacionados a auditoria interna são:

> A organização deve assegurar que as auditorias internas do Sistema da Gestão Ambiental sejam conduzidas em intervalos planejados para:
> a) Determinar se o sistema da gestão ambiental:
> 1) Está em conformidade com os arranjos planejados para a gestão ambiental, incluindo-se os requisitos desta norma.
> 2) Foi adequadamente implementado e é mantido.
> b) Fornecer informações à administração sobre os resultados das auditorias.
> Programa(s) de auditoria deve(m) ser planejado(s), estabelecido(s), implementado(s) e mantido(s) pela organização, levando-se em consideração a importância ambiental da(s) operação(ões) pertinente(s) e os resultados das auditorias anteriores.
> Procedimento(s) de auditoria deve(m) ser estabelecido(s), implementado(s) e mantido(s) para tratar:
> » Das responsabilidades e requisitos para se planejar e conduzir as auditorias, para relatar os resultados e manter registros associados.
> » Da determinação dos critérios de auditoria, escopo, frequência e métodos.
> A seleção de auditores e a condução das auditorias devem assegurar objetividade e imparcialidade do processo de auditoria.

É obrigação de toda organização que deseja se utilizar de um sistema de gestão, avaliar o seu desempenho. A **NBR ISO 14.001** pede que procedimentos sejam implementados e mantidos para relacionar os responsáveis pelo planejamento e condução das auditorias, bem como os requisitos que serão avaliados. Não é preciso que em todas as auditorias sejam avaliados todos os processos da organização, as auditorias podem ser programadas para que se faça uma verificação parcial do sistema a cada período, desde que todo o escopo do sistema seja verificado. Neste procedimento também deve ficar claro de quem é a responsabilidade de informar os resultados obtidos para a administração da organização, garantindo que os problemas encontrados, se encontrados, e sua tratativa sejam de conhecimento desse grupo de pessoas. Um processo jamais deve ser avaliado por seus próprios integrantes, o que significa dizer que devemos ter auditores internos das mais diversas áreas da empresa, o que garante que a avaliação de um processo será imparcial.

O planejamento das auditorias internas deve ser feito de forma a garantir que todas as exigências desta norma são atendidas e que todos os processos envolvidos e listados no escopo do sistema estão executando suas atividades de maneira a não ferir os preceitos e o fundamento nela inseridos, que é a busca pela melhoria contínua.

Os principais dados a serem avaliados nas auditorias internas estão relacionados às atividades executadas nos processos que tenham influência sobre os aspectos ambientais e que possam gerar impacto ambientais significativos ao meio. Como vimos anteriormente, a análise sistêmica não pode ser feita sem que haja a inter--relação entre os diversos tópicos da norma. Um ponto de partida para a realização de auditorias internas são os resultados das auditorias anteriores e que geraram não--conformidades, observações ou comentários, a lista de controle de ações corretivas e preventivas, os indicadores e gráficos de acompanhamento de metas e objetivos, a política ambiental da empresa, os levantamentos de aspectos e impactos ambientais, os procedimentos e seus documentos e registros, são o fundamento para uma boa auditoria.

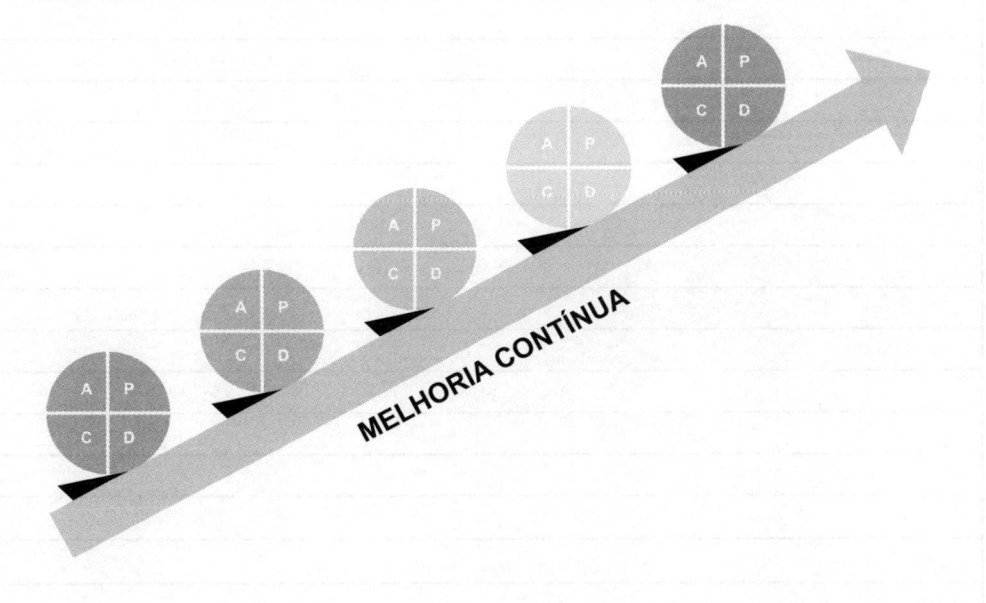

Anotações

CAPÍTULO 10

ANÁLISE PELA ADMINISTRAÇÃO

Análise pela Administração

10
CAPÍTULO

Para garantir que o sistema de gestão ambiental seja mantido, cabe a alta administração das empresas a difícil tarefa de se reunir periodicamente com o responsável, eleito por ela, para ser o gestor do sistema. A norma não fala qual o período ideal de tempo em que estas reuniões devem ocorrer, mas é aconselhável que o intervalo seja de no mínimo a cada seis meses, um problema que necessite da avaliação da direção de uma empresa e do aval desta para a sua resolução e que fique aguardando tanto tempo, no caso da área ambiental pode resultar em um dano, ou melhor, um impacto ambiental indesejado. Por esse motivo a norma **NBR ISO 14.001** prevê em seu item 4.6 que estas reuniões devem ser realizadas em intervalos planejados e também o que deve ser analisado nessas reuniões, vejamos o que ela nos mostra:

> A alta administração da organização deve analisar o Sistema da Gestão Ambiental, em intervalos planejados, para assegurar sua continuada adequação, pertinência e eficácia. Análises devem incluir a avaliação de oportunidades de melhoria e a necessidade de alterações no Sistema da Gestão Ambiental, inclusive da política ambiental e dos objetivos e metas ambientais. Os registros das análises pela administração devem ser mantidos.

A avaliação periódica do sistema de gestão ambiental de uma empresa, por parte da sua direção ou de sua alta administração é importante não apenas para que ela tome ciência dos problemas que sua empresa pode estar enfrentando, mas também, para nortear suas decisões, através da análise das oportunidades de melhoria que surgem. Não podemos esquecer que o sistema foi implementado para que a empresa utilize suas ferramentas e obtenha ganhos potenciais através da melhoria contínua de seus processos. Este espaço aberto pelo próprio sistema tem a finalidade de destinar parte do tempo desse grupo de executivos, tempo esse que é escasso para todos, e que na maioria das vezes não conseguem destiná-lo no dia-a-dia de suas atividades para avaliar a área ambiental como ela precisa ser analisada.

A norma diz que este é o momento em que a eficácia do sistema é avaliada e quais os pontos fracos que devem ser melhorados. Deixa claro também que, como já citado anteriormente, é durante esta análise que se identificam a necessidade de alterações na política ambiental ou, então, nos objetivos e metas. A revisão das metas se elas estão sendo alcançadas com facilidade ou se há a necessidade de uma nova adequação das metas já existentes, uma vez que estão sendo batidas com facilidade ou não estão sendo alcançadas com a frequência desejada. Ocorre neste momento, a necessidade de adoção de novas metas para aprimorar o controle dos objetivos e até mesmo a busca de novos objetivos. São decorrentes das análises feitas pela alta administração sobre o desempenho do sistema de gestão ambiental.

Surge aqui a necessidade de um controle sobre as decisões tomadas e sobre a realização das reuniões dentro dos prazos planejados, onde registra-se essas reuniões em atas, que devem ser tratadas com o mesmo rigor dos demais registros existentes no sistema da empresa. Também essas reuniões e suas respectivas atas são alvo das auditorias internas e externas e, em algumas vezes, quando o sistema não é considerado de maneira coerente e sério, são motivo de registros de não-conformidades.

A **NBR ISO 14.001** elenca alguns dos itens que não podem deixar de ser avaliados pela alta administração durante as reuniões de análise crítica do sistema, como mostra o texto da própria norma:

> As entradas para análise pela administração devem incluir:
> a) Resultados das auditorias internas e das avaliações do atendimento aos requisitos legais e outros subscritos pela organização;
> b) Comunicação(ões) proveniente(s) de partes interessadas externas, incluindo reclamações;
> c) O desempenho ambiental da organização;
> d) Extensão na qual foram atendidos os objetivos e metas;
> e) Situação das ações corretivas e preventivas;
> f) Ações de acompanhamento das análises anteriores;
> g) Mudança de circunstâncias, incluindo desenvolvimentos em requisitos legais e outros relacionados aos aspectos ambientais;
> h) Recomendações para melhoria.

Vamos comentar as entradas dessas reuniões separadamente.

a) **Resultados das auditorias internas e das avaliações do atendimento aos requisitos legais e outros subscritos pela organização:** Não há como ignorar a importância das auditorias nos sistemas de gestão e este item é um dos principais a serem analisados em conjunto com a alta administração. Uma dica é que as reuniões com a alta administração ocorram em seguida da realização das auditorias, assim que o relatório da auditoria estiver concluído, dessa forma as informações discutidas serão recentes e as ações, corretivas ou preventivas, necessárias para atender as não-conformidades que forem encontradas poderão ser avaliadas com maior riqueza de detalhes. As alterações na legislação que possam ter ocorrido no intervalo entre as reuniões para análise crítica ou as pendências legais que possam existir, tais como, necessidade de renovação de licenças ou licenciamento de novas áreas ou máquinas e equipamentos, informações pendentes para atualização de cadastros e relatórios, são pontos que devem ser avaliados durante essas reuniões.

b) **Comunicação(ões) proveniente(s) de partes interessadas externas, incluindo reclamações:** Outra entrada que deve ser analisada junto com os representantes legais das organizações são as comunicações relacionadas à área ambiental recebidas ou envidas para as partes interessadas no sistema. O recebimento de uma notificação de um órgão ambiental, o envio de informações sobre o consumo médio de água na planta, que sofreu uma alteração devido a um exercício de combate a incêndio, as reclamações dos vizinhos por motivos de ruído excessivo ou mau cheiro provocado, bem como as respostas enviadas e os relatórios elaborados, são fontes de informações que devem ser avaliadas e fazer parte da ata da reunião de análise junto com a alta administração.

c) **O desempenho ambiental da organização:** Basicamente seria a análise dos indicadores do sistema de gestão ambiental, visando a avaliação dos processos e atividades. Informações de consumo de água e energia elétrica por tonelada produzida, ou da quantidade de resíduos gerados por dia, comparadas com o histórico dos anos anteriores e com as metas estipuladas para o período atual, mostram como está o desempenho e se o que foi planejado está sendo realizado. Essas informações mostram também quais os caminhos seguir e quais as estratégias para alcançar nossos objetivos.

d) **Extensão na qual foram atendidos os objetivos e metas:** Da análise do desempenho ambiental desencadeia-se a análise dos objetivos e metas, como a empresa está em relação ao planejamento, se esta dentro do que foi previsto ou se não conseguirem atingir os objetivos dentro do prazo estipulado, são algumas das análises que devem ser feitas durante a avaliação dessas entradas. Outro ponto pode ser avaliado neste item, os objetivos que já foram atingidos, o que ocorreu para que isso acontecesse, quais as variáveis que tornaram possível este acontecimento e como elas podem influenciar nos outros objetivos e metas, são dados preciosos que podem ajudar a promover o desenvolvimento do sistema acelerando a sua velocidade.

e) **Situação das ações corretivas e preventivas:** A avaliação das ações corretivas e preventivas, as pendências, as necessidades de investimentos, os resultados alcançados com a implementação dessas ações e se o seu efeito foi eficaz são alguns pontos que merecem destaque na avaliação desta entrada. Muitas vezes as ações são tomadas, mas seus resultados não são medidos, o que é um grande erro, procure levar para as reuniões informações sobre a situação atual das ocorrências anteriores, se estão realmente controladas se houve acompanhamento de resultados e se esses resultados estão atendendo as expectativas geradas.

f) **Ações de acompanhamento das análises anteriores:** Revise as atas anteriores, destaque os principais pontos e leve informações que possam contribuir para o encerramento das questões pendentes. Procure usar este espaço para eliminar pendências antigas e também para não criar novas.

g) **Mudança de circunstâncias, incluindo desenvolvimentos em requisitos legais e outros relacionados aos aspectos ambientais:** Novos produtos, novos equipamentos, substituição de materiais, insumos ou de matéria-prima, novas tecnologias e alterações na legislação são fatores que influenciam diretamente no sistema de gestão ambiental. A influência desses e outros fatores pode ser positiva, como a redução na geração de perdas e, consequentemente, na geração de resíduos, provocada pela substituição ou compra de um equipamento com melhor aproveitamento de matéria-prima ou com sistemas de reciclagem de produtos de limpeza ou ainda a alteração nos produtos utilizados para limpeza ou lubrificação dos equipamentos. Também podem ocorrer influências negativas, como uma negociação mal feita com clientes, que resultou em um lote de produtos fora de especificação, ou ainda a exigência de um cliente para que em determinado produto não seja utilizado um material específico, são temas que podem ser tratados nesta reunião.

h) **Recomendações para melhoria:** Sempre que possível procure apresentar para a alta administração de sua empresa não apenas os problemas encontrados, mas também as possíveis soluções para que eles escolham entre, no mínimo, duas alternativas a que melhor se enquadre dentro do planejamento estratégico da organização e dos objetivos e metas estipulados para o sistema.

Se esta análise é feita em intervalos superiores há seis meses, a empresa não terá tempo hábil para as ações de correção de trajetória e a análise dos objetivos e metas pode ficar comprometida. Ao passo que se esta análise é feita em períodos menores de tempo, a capacidade de retomada de direção ou a correção dos desvios é muito mais simples e rápida.

Durante esse momento mágico e único junto com a direção da empresa, deve--se aproveitá-lo da maneira mais eficiente possível, como vemos a quantidade de informações que devem ser tratadas é muito grande e uma boa preparação da pauta dessa reunião com antecedência é fundamental para o seu bom aproveitamento. É necessário tratar de todos os assuntos relacionados neste capítulo, mas deve-se otimizar o tempo levando as informações e tratando os assuntos da maneira mais objetiva possível.

Existem ainda as saídas geradas durante esta reunião de análise crítica junto com a alta direção, como veremos no texto da norma **NBR ISO 14.001**:

> As saídas da análise pela administração devem incluir quaisquer decisões e ações relacionadas a possíveis mudanças na política ambiental, nos objetivos, metas e em outros elementos do Sistema da Gestão Ambiental, consistentes com o comprometimento com a Melhoria Contínua.

Sendo assim, o registro das decisões tomadas para cada entrada analisada, principalmente aquelas que possam provocar uma alteração ou mudança na política ambiental da organização e que irá desencadear mudanças em todo ou parte do sistema, bem como qualquer mudança nos objetivos e metas devem ficar devidamente registradas para análises futuras.

A **NBR ISO 14.001** tem dois anexos informativos que merecem ser lidos antes, durante e depois de iniciados os trabalhos para a implementação dessa norma. O primeiro deles o **Anexo A** traz algumas orientações para o uso e a implementação dos requisitos da norma, comentando cada um dos requisitos o que nos ajuda a entender melhor o que fazer e como atuar em cada ponto da norma.

O **Anexo B** é muito utilizado pelas empresas que já têm um sistema de gestão da qualidade, pois traz a correspondência entre os requisitos da **NBR ISO 14.001** e da **NBR ISO 9.001**, na sua Tabela 1 e a correspondência entre os requisitos da **NBR ISO 9.001** e da **NBR ISO 14.001**, na sua Tabela 2, com eles podemos identificar quais requisitos de uma norma atendem as exigências da outra e vice-versa.

Anotações

CAPÍTULO 11

Correlação entre as Normas ABNT NBR ISO 14.001 e 9.001

Correlação entre as Normas ABNT NBR ISO 14.001 e 9.001

11
CAPÍTULO

A implementação de um sistema de gestão, por uma organização, pode ser feita de diversas maneiras, mas invariavelmente, as empresas optam por implementá-los separadamente, ou, para deixar mais claro, uma norma de cada vez.

Não há impedimento ou irregularidade neste tipo de implementação, porém precisamos levar em consideração a demanda de tempo e os custos para implementação em conjunto dos requisitos exigidos pelas três principais normas, a **ISO 9.001**, a **ISO 14.001** e a **OHSAS 18.001** é bem menor, quando comparada a implementação dessas mesma três normas em separado.

Já prevendo a ocorrência desse fato e, como na maioria das vezes, boa parte das organizações certifica primeiro o sistema de manutenção da qualidade, as normas têm uma correlação entre seus requisitos, permitindo a utilização de procedimentos, registros e controles já criados, para a manutenção de um sistema em implementação.

A tabela abaixo mostra exatamente esta relação:

ISO 14.001	ISO 9.001
4 - Requisitos do Sistema de Gestão Ambiental	4 - Sistema de Gestão da Qualidade
4.1 – Requisitos Gerais	4.1 – Requisitos Gerais
4.2 – Política Ambiental	5.1 – Comprometimento da Direção 5.3 – Política da Qualidade 8.5.1 – Melhoria Contínua
4.3 – Planejamento	5.4 – Planejamento
4.3.1 – Aspectos Ambientais	5.2 – Foco no cliente 7.2.1 – Determinação de requisitos relacionados ao cliente 7.2.2 – Análise crítica dos requisitos relacionados ao produto
4.3.2 – Requisitos legais e outros	5.2 – Foco no cliente 7.2.1 – Determinação de requisitos relacionados ao produto
4.3.3 – Objetivos, metas e programas	5.4.1 – Objetivos da qualidade 5.4.2 – Planejamento do sistema de gestão da qualidade 8.5.1 – Melhoria Contínua
4.4 – Implementação e operação	7 – Realização do produto

4.4.1 – Recursos, funções, responsabilidades e autoridades	5.1 – Comprometimento da direção 5.5.1 – Responsabilidades e autoridades 5.5.2 – Representante da direção 6.1 – Provisão de recursos 6.3 – Infra-estrutura
4.4.2 – Competência, treinamento e conscientização	6.2.1 – Generalidades 6.2.2 – Competência, conscientização e treinamento
4.4.3 – Comunicação	5.5.3 – Comunicação Interna 7.2.3 – Comunicação com o cliente
4.4.4 – Documentação	4.2.1 – Generalidades
4.4.5 – Controle de documentos	4.2.3 – Controle de documentos
4.4.6 – Controle operacional	7.1 – Planejamento da realização do produto 7.2.1 – Determinação de requisitos relacionados ao produto 7.2.2 – Análise crítica dos requisitos relacionados ao produto 7.3.1 – Planejamento do projeto e desenvolvimento 7.3.2 – Entradas de projeto e desenvolvimento 7.3.3 – Saídas de projeto e desenvolvimento 7.3.4 – Análise crítica de projeto e desenvolvimento 7.3.5 – Verificação de projeto e desenvolvimento 7.3.6 – Validação de projeto e desenvolvimento 7.3.7 – Controle de alterações de projetos e desenvolvimento 7.4.1 – Processo de aquisição 7.4.2 – Informações de aquisição 7.4.3 – Validação de produto adquirido 7.5.1 – Controle de produção e fornecimento de serviço 7.5.2 – Validação dos processos de produção e fornecimento de serviço 7.5.5 – Preservação do produto
4.4.7 – Preparação e resposta à emergência	8.3 – Controle de produto não-conforme
4.5 – Verificação	8 – Medição, análise e melhoria
4.5.1 – Monitoramento e medição	7.6 – Controle de dispositivos de monitoramento e medição 8.1 – Generalidades 8.2.3 – Medição e monitoramento de processos 8.2.4 – Medição e monitoramento de produto 8.4 – Análise de dados
4.5.2 – Avaliação do atendimento a requisitos legais e outros	8.2.3 – Medição e monitoramento de processos 8.2.4 – Medição e monitoramento de produto

4.5.3 – Não-conforme, ação preventiva e ação corretiva	8.3 – Controle de produto não-conforme 8.4 – Análise de dados 8.5.2 – Ação corretiva 8.5.3 – Ação preventiva
4.5.4 – Controle de registros	4.2.4 – Controle de registros
4.5.5 – Auditoria interna	8.2.2 – Auditoria interna
4.6 – Análise pela administração	5.1 – Comprometimento da direção 5.6 – Análise crítica pela administração 5.6.1 – Generalidades 5.6.2 – Entradas para análise crítica 5.6.3 – Saídas de análise crítica 8.5.1 – Melhoria contínua

Anotações

Anotações

Posfácio

Esperamos ter esclarecido as principais dúvidas sobre como proceder para a implementação de um sistema de gestão ambiental, referenciado na **ABNT NBR ISO 14.001** e que tenham a possibilidade de usar este material em suas empresas, buscando a melhoria contínua dos processos, produtos e serviços.

Gostaríamos de desejar a todos que utilizarem este material para implementação de um sistema de gestão ambiental, um excelente trabalho e boa sorte!

Os Autores

REFERÊNCIAS

ABNT – ASSOCIAÇÃO BRASILEIRA DE NORMAS TÉCNICAS. **NBR ISO 14.001 – Sistemas de gestão ambiental – Requisitos com orientações para uso.** 31 dez. 2004. 2 ed. Rio de Janeiro.

ABNT – ASSOCIAÇÃO BRASILEIRA DE NORMAS TÉCNICAS. **NBR ISO 14.004 – Sistema de gestão ambiental – Diretrizes gerais sobre princípios, sistemas e técnicas de apoio.** 2004. Rio de Janeiro.

ABNT – ASSOCIAÇÃO BRASILEIRA DE NORMAS TÉCNICAS. **NBR ISO 14.010 – Diretrizes para auditoria ambiental – Princípios gerais.**1996. Rio de Janeiro.

ABNT – ASSOCIAÇÃO BRASILEIRA DE NORMAS TÉCNICAS. **NBR ISO 14.011 – Diretrizes para auditoria ambiental – Procedimentos de auditoria – Auditoria de sistemas de gestão ambiental.** 1996. Rio de Janeiro.

ABNT – ASSOCIAÇÃO BRASILEIRA DE NORMAS TÉCNICAS. **NBR 19.011 – Diretrizes para auditorias de sistema de gestão da qualidade e/ou ambiental.** Novembro de 2002. Rio de Janeiro.

ALMEIDA, Josimar Ribeiro de; CAVALCANTE, Yara; MELLO, Cláudia dos S. **Gestão Ambiental: planejamento, avaliação, operação e verificação.** Rio de Janeiro: Thex Editora, 2002. ISBN 85-7603-001-2.

CAJAZEIRA, Jorge Emanuel Reis. **ISO 14001 Manual de Implantação.** Rio de Janeiro: Qualitymark Editora, 1996. ISBN 978-85-7303-112-6.

CONAMA (CONSELHO NACIONAL DO MEIO AMBIENTE. **Resolução CONAMA** nº 237. 19 dez. de 1997. Disponível em: < http://www.mma.gov.br/port/conama/legiabre.cfm?codlegi=237>. Acesso em: 29 ago. 2012.

DUARTE, Moacyr. **Riscos Industriais: etapas para a investigação e a prevenção de acidente.** Rio de Janeiro: FUNENSEG, 2002. ISBN 85-7052-384-X.

FIORILLO, Celso Antônio Pacheco; RODRIGUES, Marcelo Abelha. **Manual de Direito Ambiental e Legislação.** São Paulo: Max Limonad, 1999. ISBN 85-86300-44-6

SAMPAIO, Francisco José Marques. **Responsabilidade civil e reparação de danos ao meio ambiente.** 2 ed. Rio de Janeiro: Lumen Juris, 1998.

PARABÉNS!

VOCÊ ACABA DE ADQUIRIR UM LIVRO VERDE!

O que isso significa?
Que todo o processo de produção, distribuição e até de reciclagem deste livro é limpo, seguro e sustentável.

De que forma isso acontece?
Nossos livros são impressos com tinta a base de soja e o papel que utilizamos, além de reciclado, tem origem certificada. Todo resíduo de nossa produção é controlado e apenas o essencial é descartado – e todo descarte é feito conforme as mais exigentes práticas ambientais. Também temos um cuidado especial com a nossa cadeia logística, desde o transportador até o fornecedor de soluções em reciclagem.

Como você pode ter certeza disso?
Temos orgulho de nossas certificações de excelência em qualidade pela ISO 9001 e em gestão ambiental pela ISO 14001.

Nós acreditamos que ações positivas, mensuráveis e concretas podem (*e vão*) construir um mundo melhor!

ISO 9001 14001
EMPRESA CERTIFICADA